VALÉRIANE LABROCHE

# Sexe, bébé & Rock'n'roll

SALUT LECTEUR•RICE :)

JE SUIS **VALÉRIANE LABROCHE**, ALIAS TON AMIE VALOUCH, ET JE SUIS EXTRÊMEMENT HEUREUSE QUE TU AIES MON LIVRE ENTRE LES MAINS. AVANT QUE TU NE COMMENCES LA LECTURE, UNE PETITE MISE EN CONTEXTE S'IMPOSE : JE ME SUIS EXPATRIÉE AU CANADA EN 2007 ET JE SUIS OFFICIELLEMENT DEVENUE FRANCO-CANADIENNE EN 2018. EN 2017, MON MARI ET MOI AVONS DÉCOUVERT LES JOIES D'ÊTRE PARENTS... ISOLÉS À L'AUTRE BOUT DU MONDE. CE LIVRE RACONTE NOTRE HISTOIRE ET, À TRAVERS ELLE, L'EXPÉRIENCE QUÉBÉCOISE DE LA PARENTALITÉ, DU SUIVI DE LA GROSSESSE AU CONGÉ PARENTAL. QUELLES LEÇONS TIRER DE NOTRE AVENTURE ? LE MODÈLE QUÉBÉCOIS POURRAIT-IL ÊTRE UN EXEMPLE POUR INITIER DES CHANGEMENTS EN FRANCE ? JE TE LAISSE LE DÉCOUVRIR DANS CES PAGES OÙ J'AI MIS TOUT MON AMOUR (ET MA RAGE POST-PARTUM AUSSI), EN ESPÉRANT QUE CE LIVRE PUISSE T'APPORTER QUELQUE CHOSE DE POSITIF.

Titre original québécois : *La Maternité en toute sérénité.*
Publié pour la première fois en 2021 par les Éditions de l'Homme, division du groupe Sogides inc., filiale de Québecor Média inc.
Édition : Catherine Bédard ; design graphique : Valériane Labroche ; infographie : Marie Gouret ; révision : Jocelyne Cormier.



ISBN : 978-2-7029-2582-9



www.editions-tredaniel.com
info@guytredaniel.fr
www.facebook.com/editions.tredaniel
@le_courrier_du_livre

Achevé d'imprimer en décembre 2022 par la SEPEC en France
Numéro d'impression : 27315221106
Dépôt légal : janvier 2023

PEFC **10-31-1470** / **Certifié PEFC** / Ce produit est issu de forêts gérées durablement et de sources contrôlées. / pefc-france.org

VALÉRIANE LABROCHE

# Sexe, bébé & Rock'n'roll

LE COURRIER DU LIVRE

27, rue des Grands-Augustins
75006 Paris

## LES PERSONNAGES

VALOUCH:
MAMAN IMPROVISÉE, ANGOISSÉE
MAIS PLEINE DE BONNE VOLONTÉ.
ELLE AVANCE DANS LA MATERNITÉ
AVEC PEU DE REPÈRES,
CE QUI SE RÉVÈLE ÊTRE
UN ATOUT COMME UN HANDICAP.

DOUDOU:
MARI ET PAPA DÉVOUÉ.
IL COMPLÈTE TOTALEMENT VALOUCH.
C'EST UN ALLIÉ INDÉFECTIBLE.

BÉBÉ-CHOU:
ADORABLE PETIT ÊTRE
AUSSI TRANQUILLE QU'ENJOUÉ.
IL EST L'ÉLÉMENT DÉCLENCHEUR
D'UNE TRANSFORMATION
PROFONDE CHEZ VALOUCH.

MAIS AUSSI:

DR PICKLE:
CARICATURE DE PRATICIEN DE LA SANTÉ.
TOUR À TOUR GYNÉCOLOGUE,
CHIRURGIEN, INFIRMIER.
CARACTÉRISTIQUES:
MANQUE TOTAL DE PSYCHOLOGIE,
AVEC EN BONUS, UN BRIN DE MYSOGINIE.

LE RESTE DU MONDE:
MASSE HOSTILE DONT ÉMERGENT SOUVENT
DES CONSEILS NON SOLLICITÉS, DU JUGEMENT,
DES PRÉDICTIONS AVEC UN FAIBLE TAUX DE FIABILITÉ, DES ANECDOTES
QUI RETOURNENT L'ESTOMAC DES FUTURS ET NOUVEAUX PARENTS.
SURTOUT CEUX DE DOUDOU ET DE VALOUCH,
QUI VIVENT DANS LEUR COCON D'AMOUR EXPATRIÉ.

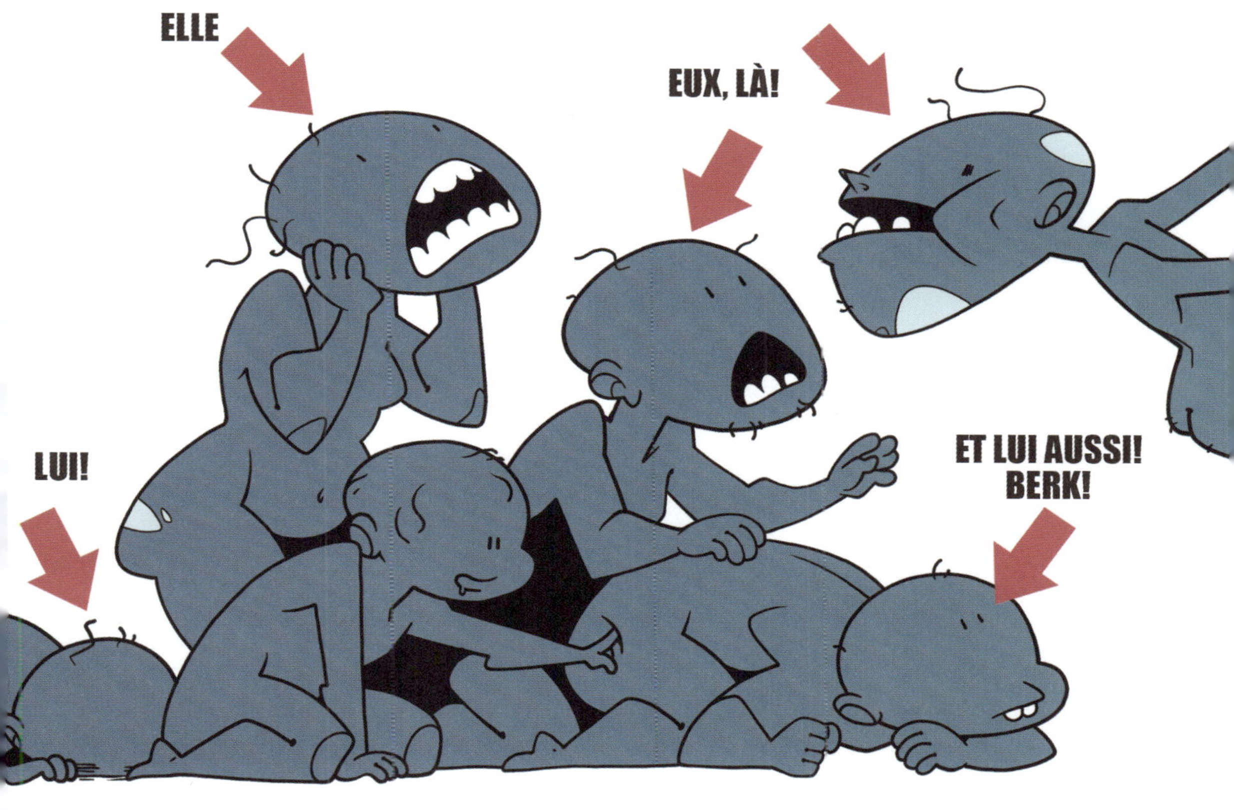

PROLOGUE
MESSAGE D'INTÉRÊT GÉNÉRAL!
GNA GNA GNA
COMITÉ POUR L'INFORMATION DES NOUVEAUX PARENTS
AVANT DE VRAIMENT COMMENCER L'HISTOIRE, JE VOUDRAIS PARLER D'UN PETIT DÉSAGRÉMENT QUI PEUT SURVENIR PENDANT LA GROSSESSE.
UN DÉTAIL, CERTES, COMPARATIVEMENT À D'AUTRES CHOSES...
MAIS C'EST TYPIQUEMENT LE GENRE DE TRUC QUI TE SURPREND UN PEU QUAND ÇA ARRIVE ET TU TE DIS: "POURQUOI DONC PERSONNE NE M'EN A PARLÉ?"
NON-NON-NON À LA DÉSINFORMATION
ATTENTION SPOILER

CE PETIT CHANGEMENT S'EST OPÉRÉ VERS LE 6E MOIS DE GROSSESSE.
LA LA LAAA
QU'IL EST BON D'AVOIR L'UTÉRUS REMPLI DE L'AMOUR DE L'UNIVERS!
LES HORMONES
MES BOOBS ÉTAIENT BIEN PLUS GROS.

ARRIVÉE AU NETTOYAGE DE PIPOUNETTE...
J'AI SENTI QUELQUE CHOSE D'ANORMAL.
LE CHOC
MAIS...
BORDEL !
AUCUNE VISIBILITÉ
À CE MOMENT-LÀ DE LA GROSSESSE, AVEC LE VOLUME DU VENTRE ET DES NICHONS, IMPOSSIBLE DE VOIR CE QUI SE PASSAIT EN DESSOUS. ALORS...
DOUDOUUUUU!!!
KESKI SPASS?
Y'A UN TRUC BIZARRE! JE SUIS SÛRE QUE C'ÉTAIT PAS LÀ HIER... TU PEUX REGARDER?
FAIS VOIR!

HMMMMMM
ARK
VAZY CASSE-TOI, BÂTARD!
ÇA FAIT COMME UN GRAIN DE BEAUTÉ. MAIS ON DIRAIT QUE C'EST REMPLI DE SANG.
NAN, CHUIS BIEN, LÀ! À LA FRAÎCHE!
GOOOOOOOOOOOOGLE!
TAP TAP TAP TAP TAP TAP
BON... ÇA SERAIT DES VARICES VULVAIRES. C'EST PAS GRAVE A PRIORI. ET ÇA DISPARAÎT APRÈS LA GROSSESSE.
TAP TAP TAP TAP TAP TAP TAP
TU CROIS QUE ÇA SE PERCE?
D'APRÈS L'INTERNET: CES VARICES SONT CAUSÉES PAR LA PRESSION EXERCÉE PAR L'UTÉRUS ET PAR L'AFFLUX DE SANG INHABITUEL DANS LA RÉGION.
LE TON EST DONNÉ. BONNE LECTURE!

## AVANT

QUAND J'AVAIS 20 ANS, MON CORPS ÉTAIT BIOLOGIQUEMENT PRÊT À ENFANTER.

ALORS OUI, ON ÉTAIT UN "BEAU" COUPLE. ON A DÉCOUVERT NOS CORPS ENSEMBLE.
MAIS JE ME VOYAIS DIFFICILEMENT AVOIR UNE VIE DE FAMILLE AVEC LUI.
ON VIVAIT LA VRAIE "PASSION".
AUSSI NOURRISSANTE...
NOS ENFANTS AURONT DES PRÉNOMS ARABES... MAIS TU POURRAS LES CHOISIR!
MERCI! QUEL GRAND PRINCE!
LE MEC QUI A PAS COMPRIS LE CONCEPT DE COMPROMIS.
... QUE DESTRUCTRICE.
JE L'ADORAIS MAIS...
AVOIR UN ENFANT AVEC LUI AURAIT ÉTÉ UNE TRÈS MAUVAISE IDÉE.
ET ACCESSOIREMENT, J'AVAIS BEAUCOUP DE CHOSES À RÉGLER DE MON CÔTÉ.
ÇA SENT UN PEU LA MERDE LÀ-DEDANS, NON?
PASSIF
2

J'AI COMMENCÉ UN TRAVAIL SUR MOI QUI A DURÉ DES ANNÉES.
JE ME SUIS EXPATRIÉE AU CANADA.
JE L'AI QUITTÉ.
ET LE DÉSIR D'ENFANT EST PARTI.
PUIS REVENU...
UN PEU...
MAIS JE N'ÉTAIS PAS SÛRE DE POUVOIR ÊTRE UNE "BONNE" MÈRE AVEC TOUTES LES CASSEROLES FAMILIALES QUE J'AVAIS AU CUL...
MUUU...
'SONT OÙ LES CARIBOUS?
UNE SEULE CHOSE ÉTAIT CERTAINE... SI J'AVAIS UN ENFANT, JE NE VOULAIS PAS QU'IL PAYE LA NOTE, OU LE MOINS POSSIBLE.
JE PENSE QUE J'AI BESOIN D'AIDE...
PARLEZ-MOI DE VOTRE MÈRE...
ELLE A LA MÊME COUPE DE CHEVEUX QUE VOUS...
AH. ÇA COMMENCE MAL...
CHAIS BIEN...
EN TOUT CAS... LES SÉANCES DE 50 MINUTES SONT FACTURÉES 90 DOLLARS. JE PEUX VOUS FAIRE UN REÇU POUR LES ASSURANCES.

## L'HOMME

LE MOINS QUE L'ON PUISSE DIRE, C'EST QUE MA VIE AMOUREUSE D'AVANT DOUDOU A ÉTÉ… ROCAMBOLESQUE.
EX #01
HEY, FÉLICITATIONS!
AMI MALADROIT
?
BEN!
STEVUN A ANNONCÉ SUR FACEBOOK QU'IL ALLAIT ÊTRE PAPA!
C'EST COCASSE…
ON S'EST SÉPARÉS Y'A UN MOIS… ET JE SUIS PAS ENCEINTE.
EX #02
VAL, JE SUIS DÉSOLÉ, MAIS JE PENSE QU'IL VAUT MIEUX QU'ON SE SÉPARE. JE VAIS TE FAIRE DU MAL
MAIS…
ON S'EST FIANCÉS HIER.
C'EST BALLOT!
CETTE PÉRIODE DE MA VIE POURRAIT À ELLE SEULE FAIRE L'OBJET D'UN LIVRE.
LA GRANDE ÉPOQUE OÙ J'ÉTAIS SEXUELLEMENT DÉSIRABLE! HA! HA!
LOVE ME LOVE ME SAY THAT YOU LOVE ME!
BREF, ARRIVA CE BEAU JOUR DE 2010, OÙ JE MANGEAIS AVEC UN COUPLE D'AMIS.
ET SINON… VOUS AVEZ PAS UN COPAIN MIGNON ET CÉLIBATAIRE À ME PRÉSENTER…?
BIN…

LE LENDEMAIN...
VOILÀ LES PHOTOS! SI IL TE PLAÎT, ON ORGANISE QUELQUE CHOSE! ;)
OH!
QUELQUES JOURS PLUS TARD...
DÉSOLÉ! J'AI COURU MAIS JE SUIS UN PEU EN RETARD QUAND MÊME!
DOUDOU D'ÉPOQUE RASÉ DE PRÈS
J'AI CHAUD!
SLURP
ET VOICI ALEX!
UNE PARTIE DE JUNGLE SPEED PLUS TARD...
CECI N'EST PAS UN PLACEMENT DE PRODUIT.
J'AI DÉCOUVERT QUE L'HOMME AVAIT L'ESPRIT DE COMPÉTITION.
LÂCHE CE TOTEM, BOUGRESSE!!!
J'IMAGINAIS PAS LEUR PREMIÈRE PARTIE DE JAMBES EN L'AIR COMME ÇA.
JAMAIS!

QUELQUES JOURS PLUS TARD, DEVANT CHEZ MOI...
BON... J'AI BESOIN D'ÊTRE FIXÉE. IL SE PASSE QUOI, LÀ?
À PROPOS DE QUOI?
À PROPOS DE NOUS.
BAH... SI JE VIENS TOUS LES SOIRS DEPUIS 2 SEMAINES, C'EST POUR UNE BONNE RAISON.
* AWWWW *
TIENS! TU LIRAS ÇA!
TERRA COR CONTRITUM
Montagne familiale
Marécage de l'anxiété
trauma ex 02
MÉTAPHORE

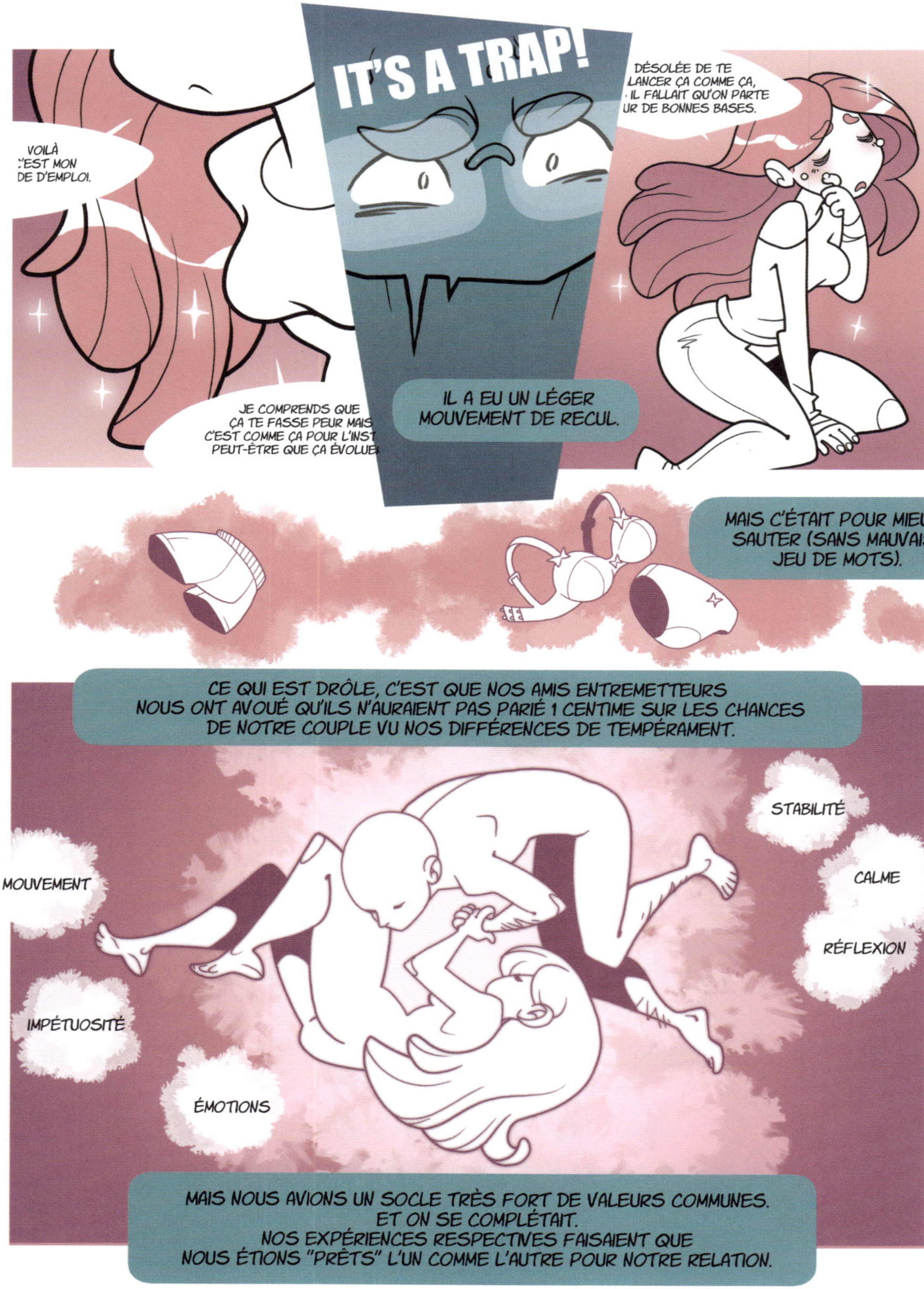
VOILÀ
C'EST MON
DE D'EMPLOI.
JE COMPRENDS QUE
ÇA TE FASSE PEUR MAIS
C'EST COMME ÇA POUR L'INST
PEUT-ÊTRE QUE ÇA ÉVOLUE
IT'S A TRAP!
IL A EU UN LÉGER MOUVEMENT DE RECUL.
DÉSOLÉE DE TE LANCER ÇA COMME ÇA, IL FALLAIT QU'ON PARTE UR DE BONNES BASES.
MAIS C'ÉTAIT POUR MIEUX SAUTER (SANS MAUVAIS JEU DE MOTS).
CE QUI EST DRÔLE, C'EST QUE NOS AMIS ENTREMETTEURS NOUS ONT AVOUÉ QU'ILS N'AURAIENT PAS PARIÉ 1 CENTIME SUR LES CHANCES DE NOTRE COUPLE VU NOS DIFFÉRENCES DE TEMPÉRAMENT.
STABILITÉ
MOUVEMENT
CALME
RÉFLEXION
IMPÉTUOSITÉ
ÉMOTIONS
MAIS NOUS AVIONS UN SOCLE TRÈS FORT DE VALEURS COMMUNES. ET ON SE COMPLÉTAIT. NOS EXPÉRIENCES RESPECTIVES FAISAIENT QUE NOUS ÉTIONS "PRÊTS" L'UN COMME L'AUTRE POUR NOTRE RELATION.

ET PUIS... UN JOUR
BON... ÇA FAIT UN AN ET DEMI QU'ON EST ENSEMBLE. ELLE EST OÙ MA BAGUE?
J'PEUX LA CHANGER SI JAMAIS J'AIME PAS?
JE PRENDS ÇA POUR UN OUI!
ET C'EST COMME ÇA QU'UN JOUR JE SUIS ARRIVÉE AU SEUIL FATIDIQUE DES...

## 36 ANS

L'ÂGE À PARTIR DUQUEL, LA FERTILITÉ CHEZ LA FEMME COMMENCE À BAISSER DE FAÇON SIGNIFICATIVE (ENFIN, D'APRÈS MON GYNÉCOLOGUE DE L'ÉPOQUE ET LES INTERNETS).

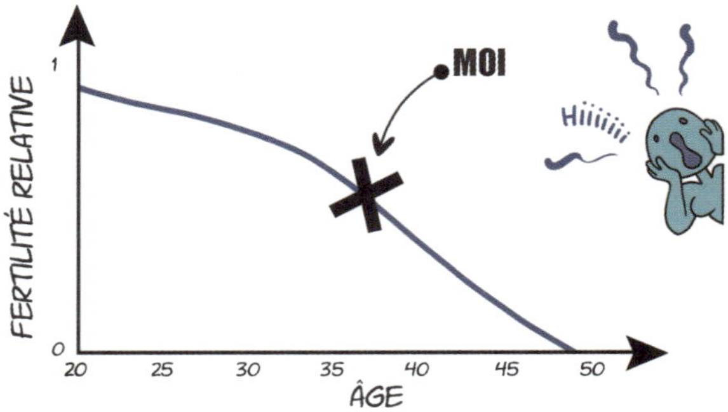


FORCÉMENT... ON SE POSE LA QUESTION...

JE N'AVAIS PAS ENVIE QU'ON AIT UNE PROCRÉATION COMPLIQUÉE. ALORS, ON A DÉCIDÉ QU'ON ESSAIERAIT PENDANT UN AN SANS SE METTRE DE PRESSION. ET QUE SI ÇA DEVAIT ARRIVER, ÇA ARRIVERAIT.

JE ME DISAIS QUE CE SERAIT LE "DESTIN" EN QUELQUE SORTE. CHACUN SES CROYANCES, MERCI DE NE PAS JUGER. SURTOUT TOI, LE SCEPTIQUE, AU FOND À GAUCHE.

BREF. ARRÊT DE LA PILULE.
VOYAGE EN ISLANDE EN PLEIN MOIS DE DÉCEMBRE.
MONTRÉAL
REYKJAVIK
JE PEUX VOUS DIRE QU'ON EN A EU DU TEMPS POUR NIQUER, ENTRE DEUX ASCENSIONS DE GLACIER.
LEVER DU SOLEIL: 10 H
COUCOU!
COUCHER DU SOLEIL: 16 H
ÇA VA? JE VOUS DÉRANGE PAS?
TAC TAC TAC TAC TAC TAC TAC TAC TAC TAC TAC TAC TAC TAC TAC TAC TAC TAC TAC TAC TAC TAC TAC TAC TAC TAC TAC TAC
LÀ-DESSUS, ON A ENCHAÎNÉ SUR UNE "RETRAITE" DANS UN CHALET DES LAURENTIDES.
TAC TAC TAC TAC TAC TAC TAC
TAC TAC TAC TAC TAC TAC TAC TAC

ET, QUELQUES SEMAINES PLUS TARD...
C'ÉTAIT QUAND, TES DERNIÈRES RÈGLES? T'ES PAS UN PEU EN RETARD?
BOH... J'AI JAMAIS ÉTÉ TRÈS RÉGULIÈRE, TU SAIS... ÇA VEUT RIEN DIRE.
FAIS UN TEST!
PFFFF... SI TU VEUX... MAIS SI J'ÉTAIS ENCEINTE, J'LE SAURAIS...
QUELQUES GOUTTES DE PIPI PLUS TARD...
L'ANNONCE OFFICIELLE!
POUËT
FÉLICITATIONS! VOUS ÊTES FÉCONDÉE!
LE CHOC
BIM

T'ES ENCEINTE!
...
LOUE UNE VOITURE...
ON VA SE BALADER...
ON A ROULÉ QUELQUES HEURES...
DÉPART

FINALEMENT, ON A ATTERRI À L'ORATOIRE SAINT-JOSEPH.
JE SUIS AGNOSTIQUE… MAIS JE NE SAIS PAS POURQUOI J'AI EU BESOIN D'ALLER PRIER DANS UNE ÉGLISE.
UNE SORTE D'OPPORTUNISME SPIRITUEL…
S'IL VOUS PLAÎT, FAITES QUE LA GROSSESSE SE PASSE BIEN ET QUE MON BÉBÉ SOIT EN BONNE SANTÉ!
ET… QU'ON SOIT HEUREUX.
T'AS DEMANDÉ QUOI?
J'PEUX RIEN DIRE, SINON ÇA MARCHE PAS.
J'LE SAIS DE TOUTE FAÇON.

## SE PROTÉGER

HONNÊTEMENT, LES PREMIÈRES SEMAINES, JE N'AI SENTI AUCUNE DIFFÉRENCE. J'ÉTAIS MÊME PLUTÔT DÉÇUE DE NE PAS AVOIR REMARQUÉ QUOI QUE CE SOIT...
WIIHIII!
MAIS... À PARTIR DU 2E MOIS...
VA PAS TRAVAILLER.
J'AVAIS L'IMPRESSION D'AVOIR UNE GRIPPE EN PERMANENCE...

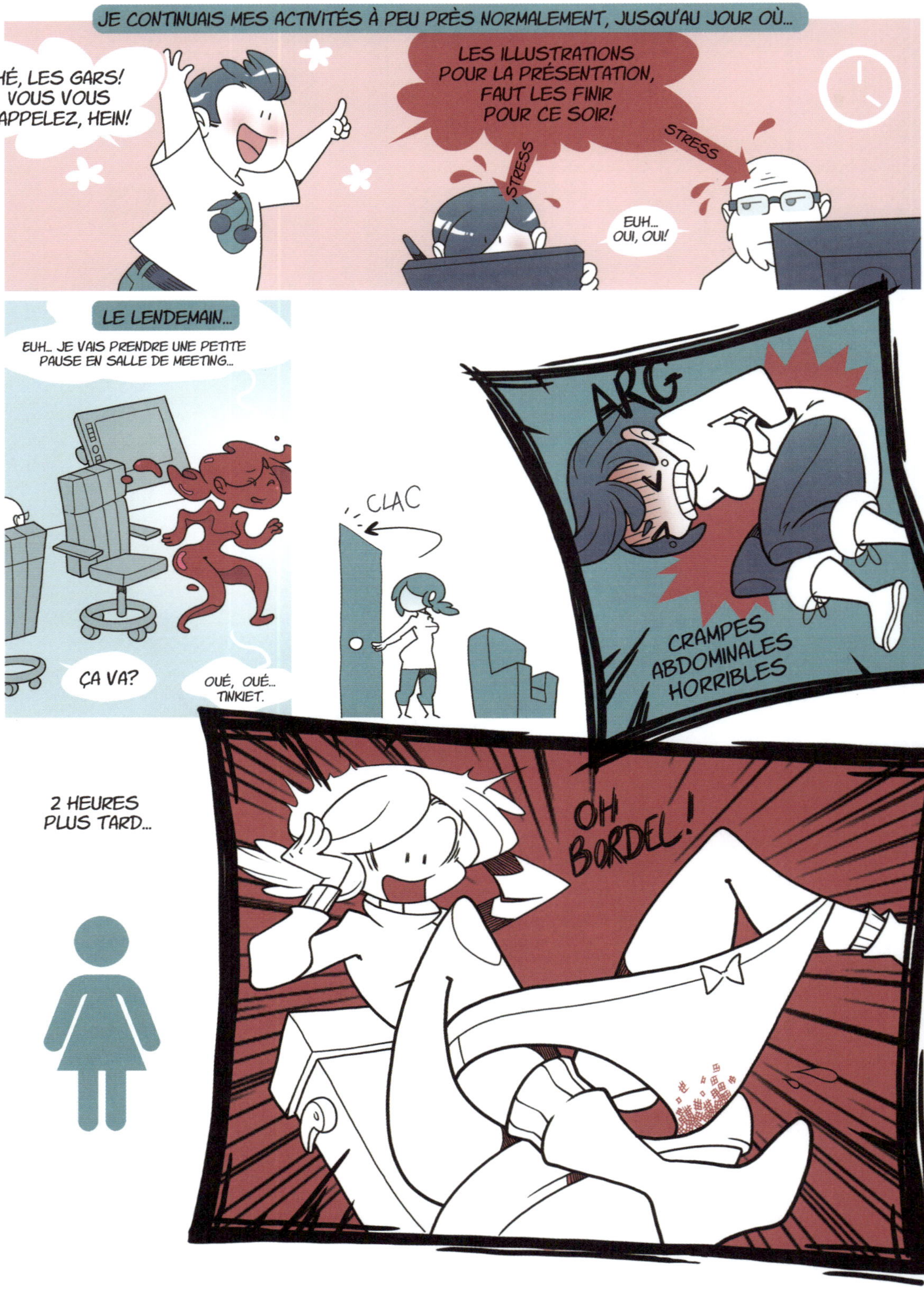
JE CONTINUAIS MES ACTIVITÉS À PEU PRÈS NORMALEMENT, JUSQU'AU JOUR OÙ...
HÉ, LES GARS! VOUS VOUS RAPPELEZ, HEIN!
LES ILLUSTRATIONS POUR LA PRÉSENTATION, FAUT LES FINIR POUR CE SOIR!
STRESS
STRESS
EUH... OUI, OUI!
LE LENDEMAIN...
EUH... JE VAIS PRENDRE UNE PETITE PAUSE EN SALLE DE MEETING...
ÇA VA?
OUÉ, OUÉ... TINKIET.
CLAC
ARG
CRAMPES ABDOMINALES HORRIBLES
2 HEURES PLUS TARD...
OH! BORDEL!

NOTE: DES SAIGNEMENTS EN DÉBUT DE GROSSESSE, ÇA PEUT ARRIVER SANS QUE CE SOIT GRAVE...

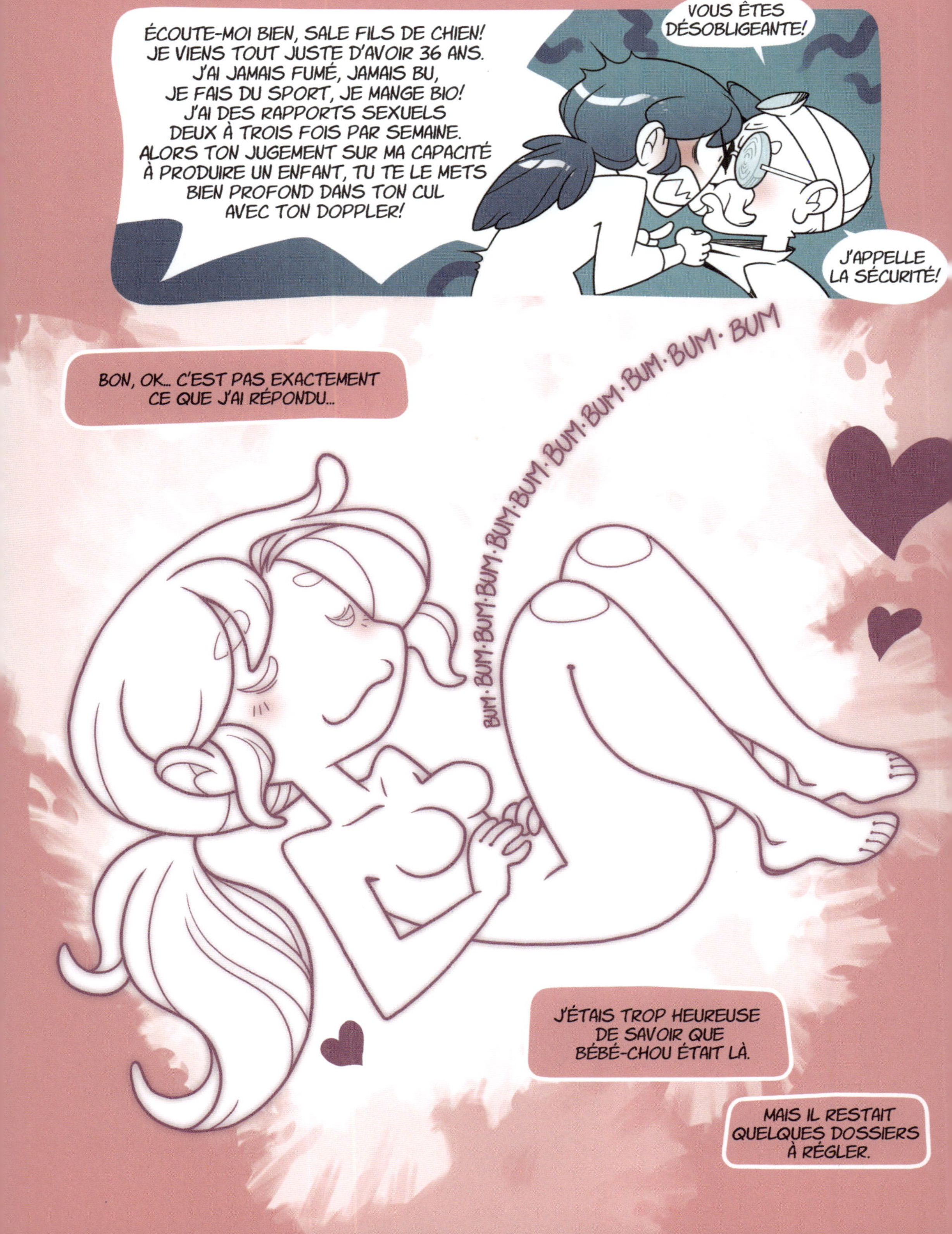
ÉCOUTE-MOI BIEN, SALE FILS DE CHIEN! JE VIENS TOUT JUSTE D'AVOIR 36 ANS. J'AI JAMAIS FUMÉ, JAMAIS BU, JE FAIS DU SPORT, JE MANGE BIO! J'AI DES RAPPORTS SEXUELS DEUX À TROIS FOIS PAR SEMAINE. ALORS TON JUGEMENT SUR MA CAPACITÉ À PRODUIRE UN ENFANT, TU TE LE METS BIEN PROFOND DANS TON CUL AVEC TON DOPPLER!
VOUS ÊTES DÉSOBLIGEANTE!
J'APPELLE LA SÉCURITÉ!
BON, OK… C'EST PAS EXACTEMENT CE QUE J'AI RÉPONDU…
BUM·BUM·BUM·BUM·BUM·BUM·BUM·BUM·BUM·BUM·BUM·BUM
J'ÉTAIS TROP HEUREUSE DE SAVOIR QUE BÉBÉ-CHOU ÉTAIT LÀ.
MAIS IL RESTAIT QUELQUES DOSSIERS À RÉGLER.

# MESURE DE PROTECTION #1
## DIMINUER LE STRESS AU TRAVAIL.

# MESURE DE PROTECTION #2
## DIMINUER L'ANXIÉTÉ FAMILIALE.

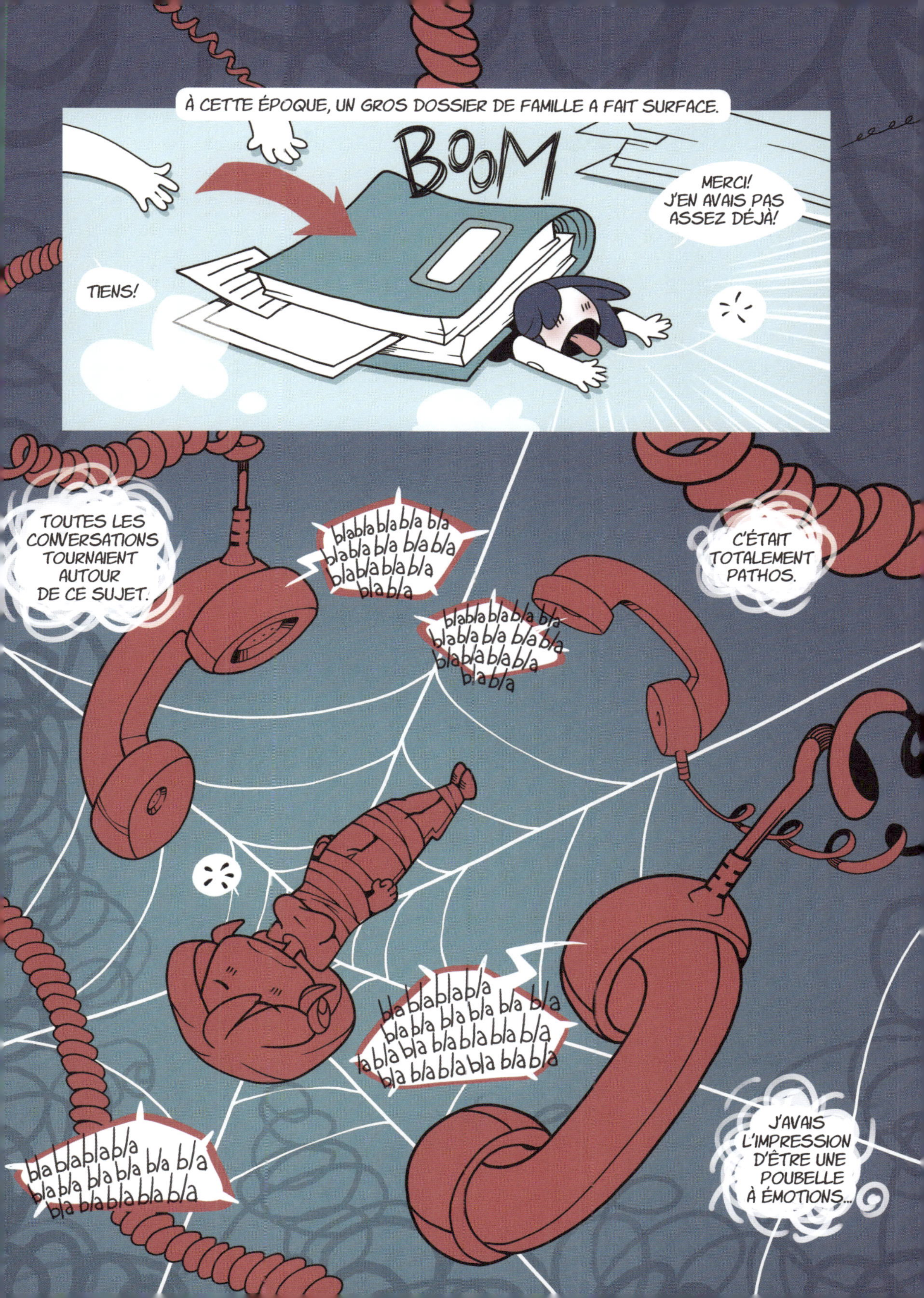
À CETTE ÉPOQUE, UN GROS DOSSIER DE FAMILLE A FAIT SURFACE.
TIENS!
BOOM
MERCI! J'EN AVAIS PAS ASSEZ DÉJÀ!
TOUTES LES CONVERSATIONS TOURNAIENT AUTOUR DE CE SUJET.
blabla bla bla bla blabla bla blabla blabla bla bla blabla
C'ÉTAIT TOTALEMENT PATHOS.
blabla bla bla bla blabla bla blabla blablabla bla blabla
blablablabla bla bla bla bla bla bla blabla bla bla blabla bla bla bla blabla bla blabla bla blabla
blablablabla blabla bla bla bla bla blabla bla blabla bla bla
J'AVAIS L'IMPRESSION D'ÊTRE UNE POUBELLE À ÉMOTIONS...

À LEUR DÉCHARGE, ILS N'ÉTAIENT PAS ENCORE AU COURANT QUE J'ÉTAIS ENCEINTE. JE VOULAIS ATTENDRE LE 3E MOIS POUR L'ANNONCER... MAIS VU LE CONTEXTE, À 2 MOIS DE MA GROSSESSE, J'AI DÉCIDÉ DE METTRE UN TERME À CES APPELS.
BON, ÉCOUTEZ... JE NE VOULAIS PAS VOUS L'ANNONCER COMME ÇA... MAIS VOILÀ, JE SUIS ENCEINTE...
ET INSOMNIAQUE.
IL ME RESTE UN MOIS POUR ARRÊTER LES SOMNIFÈRES...
DONC LES HISTOIRES DE FAMILLE, ON VA ARRÊTER POUR L'INSTANT. ÇA ME TRAVAILLE BEAUCOUP ET AVEC LA DISTANCE, C'EST ENCORE PIRE.
...
AH BON! BAH, TRÈS BIEN! ON VA ALLER EN PARLER À QUELQU'UN D'AUTRE, ALORS!
FUUUUU!
30 MINUTES D'EXPLICATIONS PÉDAGOGIQUES PLUS TARD...
AH! AU FAIT! FÉLICITATIONS!
MERCI! JE DOIS Y ALLER! BYE!
CLIC

JE DÉDICACE CETTE PAGE À MON EX. SANS RANCUNE, VRAIMENT, JE SUIS SINCÈRE.

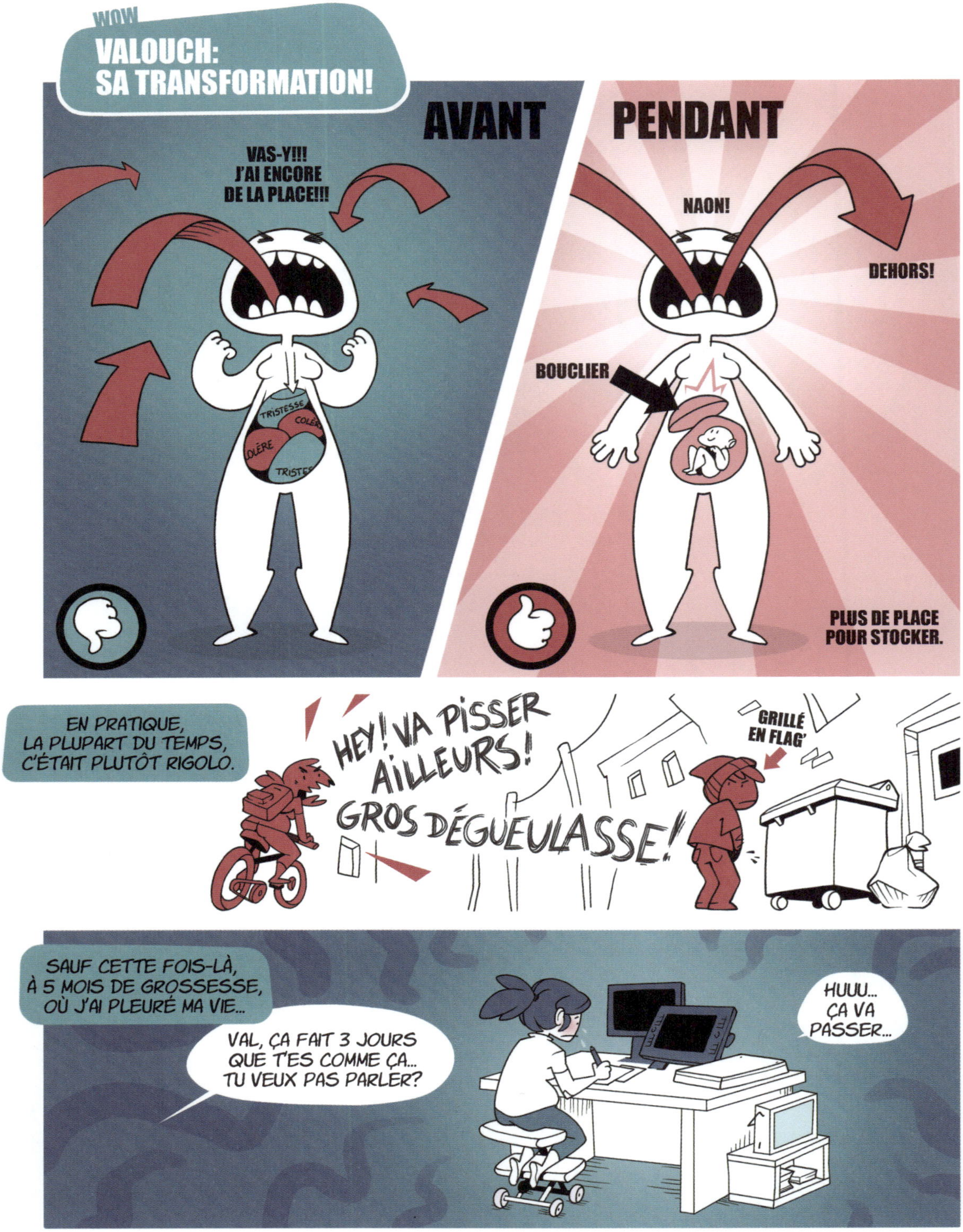
WOW
VALOUCH:
SA TRANSFORMATION!
AVANT
VAS-Y!!! J'AI ENCORE DE LA PLACE!!!
TRISTESSE
COLÈRE
COLÈRE
PENDANT
NAON!
DEHORS!
BOUCLIER
PLUS DE PLACE POUR STOCKER.
EN PRATIQUE, LA PLUPART DU TEMPS, C'ÉTAIT PLUTÔT RIGOLO.
HEY! VA PISSER AILLEURS! GROS DÉGUEULASSE!
GRILLÉ EN FLAG'
SAUF CETTE FOIS-LÀ, À 5 MOIS DE GROSSESSE, OÙ J'AI PLEURÉ MA VIE...
VAL, ÇA FAIT 3 JOURS QUE T'ES COMME ÇA... TU VEUX PAS PARLER?
HUUU... ÇA VA PASSER...

# Le mythe

NAN MAIS, À LA BASE, L'HUMANITÉ A BIEN SURVÉCU SANS. C'EST BIEN QU'ON DOIT ÊTRE CAPABLE!
REGARDE LES HANCHES QUE J'AI! FRANCHEMENT, PAS DE PROBLÈME!
T'ES TROP FORTE, MAMAN!
JE SAIS!
INCROYABLE!
QUEL COURAGE!
UNE VRAIE DÉESSE DE LA FERTILITÉ!

LA RÉALITÉ

EN FAIT, J'AI PEUR DES AIGUILLES. C'EST JUSTE ÇA, LA RAISON.
HA!HA!
T'ES BALÈZE QUAND MÊME!
ALLEZ! TCHAÔ!
KAPOUËK
DÉCEPTION
MEH
C'EST NUL! J'ME CASSE!

COMITÉ POUR L'INFORMATION DES NOUVEAUX PARENTS
MESSAGE D'INTÉRÊT GÉNÉRAL!
LA DOULA
LA PREMIÈRE FOIS QUE J'AI ENTENDU PARLER DES DOULAS, C'ÉTAIT PAR L'INTERMÉDIAIRE DE LUD, QUI AVAIT EU UN ACCOUCHEMENT PARTICULIÈREMENT DIFFICILE.
HEUREUSEMENT QU'ON AVAIT PRIS UNE DOULA...
L'ACCOUCHEMENT AVAIT DURÉ 3 JOURS. À LA FIN, NI ELLE NI SON CONJOINT N'ÉTAIENT EN ÉTAT DE PRENDRE DES DÉCISIONS ÉCLAIRÉES VU LEUR ÉTAT DE FATIGUE. ET L'ÉQUIPE MÉDICALE ÉTAIT PRESSÉE D'EN FINIR...
CÉSARIENNE!
CÉSARIENNE!
C'EST LÀ QUE DIANE, LA DOULA, EST INTERVENUE.
NON!
J'AI ICI LEUR PLAN DE NAISSANCE ET ILS ONT ÉTÉ TRÈS CLAIRS !
CÉSARIEEEEEENNE!
ALLEEEZ! CÉSARIENNE, LÀ!
PLAN DE NAISSANCE
ILS N'AUTORISERONT LA CÉSARIENNE QU'APRÈS 3 ESSAIS INFRUCTUEUX AUX FORCEPS!
BOUH!!!
PFFF!
LE PETIT BJORN EST ARRIVÉ AU BOUT DE DEUX. ET LUD M'A DONNÉ LES COORDONNÉES DE DIANE.

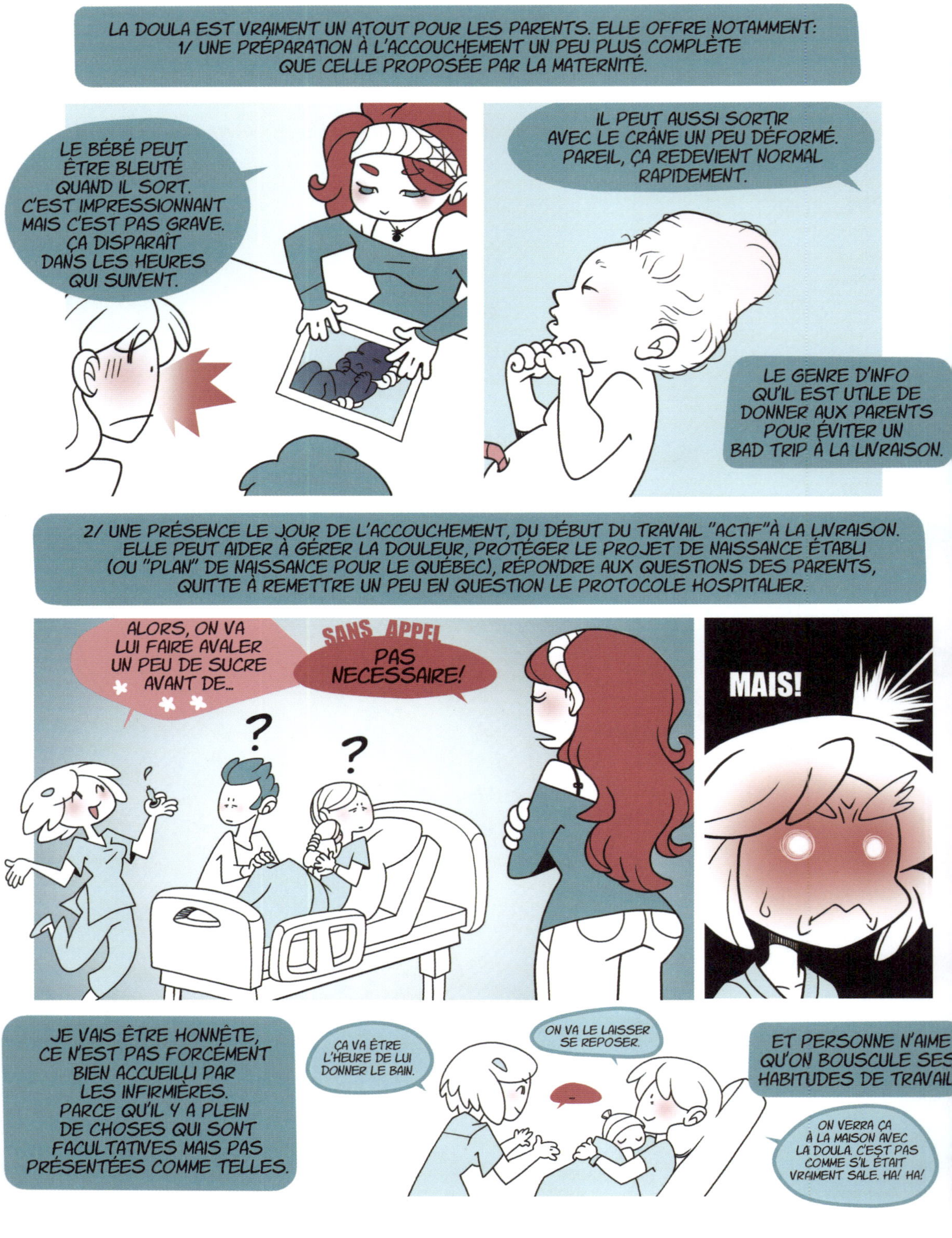
LA DOULA EST VRAIMENT UN ATOUT POUR LES PARENTS. ELLE OFFRE NOTAMMENT: 1/ UNE PRÉPARATION À L'ACCOUCHEMENT UN PEU PLUS COMPLÈTE QUE CELLE PROPOSÉE PAR LA MATERNITÉ.
LE BÉBÉ PEUT ÊTRE BLEUTÉ QUAND IL SORT. C'EST IMPRESSIONNANT MAIS C'EST PAS GRAVE. ÇA DISPARAÎT DANS LES HEURES QUI SUIVENT.
IL PEUT AUSSI SORTIR AVEC LE CRÂNE UN PEU DÉFORMÉ. PAREIL, ÇA REDEVIENT NORMAL RAPIDEMENT.
LE GENRE D'INFO QU'IL EST UTILE DE DONNER AUX PARENTS POUR ÉVITER UN BAD TRIP À LA LIVRAISON.
2/ UNE PRÉSENCE LE JOUR DE L'ACCOUCHEMENT, DU DÉBUT DU TRAVAIL "ACTIF" À LA LIVRAISON. ELLE PEUT AIDER À GÉRER LA DOULEUR, PROTÉGER LE PROJET DE NAISSANCE ÉTABLI (OU "PLAN" DE NAISSANCE POUR LE QUÉBEC), RÉPONDRE AUX QUESTIONS DES PARENTS, QUITTE À REMETTRE UN PEU EN QUESTION LE PROTOCOLE HOSPITALIER.
ALORS, ON VA LUI FAIRE AVALER UN PEU DE SUCRE AVANT DE...
SANS APPEL
PAS NECESSAIRE!
?
?
MAIS!
JE VAIS ÊTRE HONNÊTE, CE N'EST PAS FORCÉMENT BIEN ACCUEILLI PAR LES INFIRMIÈRES. PARCE QU'IL Y A PLEIN DE CHOSES QUI SONT FACULTATIVES MAIS PAS PRÉSENTÉES COMME TELLES.
ÇA VA ÊTRE L'HEURE DE LUI DONNER LE BAIN.
ON VA LE LAISSER SE REPOSER.
...
ET PERSONNE N'AIME QU'ON BOUSCULE SES HABITUDES DE TRAVAIL
ON VERRA ÇA À LA MAISON AVEC LA DOULA. C'EST PAS COMME S'IL ÉTAIT VRAIMENT SALE. HA! HA!

3/ LA DOULA OFFRE AUSSI UN SERVICE APRÈS-VENTE. DANS NOTRE CAS, ELLE EST REVENUE DEUX FOIS APRÈS L'ACCOUCHEMENT, NOTAMMENT À CAUSE DES DIFFICULTÉS RENCONTRÉES AVEC L'ALLAITEMENT.
MAIS SI, TU T'EN SORS BIEN!
AH BON?
SELON DIFFÉRENTES ÉTUDES, LA PRÉSENCE D'UNE DOULA AURAIT DE NOMBREUX BÉNÉFICES POUR LA FEMME QUI ACCOUCHE:
• CÉSARIENNE: -50 %.
• DURÉE DU TRAVAIL: -25 %.
• UTILISATION D'UNE PÉRIDURALE: -60 %.
• UTILISATION DE L'OCYTOCINE: -40 %.
• UTILISATION DES FORCEPS: -30 %.
• MÉDICAMENTS CONTRE LA DOULEUR: -30 %
J'AI PU FAIRE APPEL À UNE DOULA CAR, AU QUÉBEC, ON PERMET À DEUX PERSONNES D'ACCOMPAGNER LA FEMME EN SALLE D'ACCOUCHEMENT.
EN FRANCE, SEULE UNE PERSONNE PEUT ÊTRE PRÉSENTE (C'EST SOUVENT LE CONJOINT). EN PLUS, AUCUNE ÉCOLE FORMANT LES DOULAS N'EST OFFICIELLEMENT RECONNUE PAR L'ÉTAT, D'OÙ UNE CERTAINE MÉFIANCE DE LA PART DES AUTRES PROFESSIONNELS DE LA PÉRINATALITÉ.

LA MACHINE EST EN MARCHE
À PARTIR DE LÀ, LES CHOSES ONT PLUTÔT BIEN ROULÉ. LES HORMONES ÉTAIENT DE MON CÔTÉ ET J'ARRIVAIS À ESQUIVER LES EMBÛCHES SUR LE CHEMIN.
VEUX-TU QUE JE TE RACONTE MON ACCOUCHEMENT QUI S'EST SUPER MAL PASSÉ?
OUI
NON
NAON!
HEY! J'T'AVAIS-TU RACONTÉ L'HISTOIRE DE MA BELLE-SŒUR?
OUI
NON
ON S'EN BALEK!*
HA! HA! HA!
JE ME RACCROCHAIS TOUJOURS À LA GROSSESSE DE MA POTE SARAH, POUR QUI TOUT S'ÉTAIT TRÈS BIEN PASSÉ.
C'EST LA MÈRE DIVINE!
AH! JE LE SAVAIS QUE C'ÉTAIT POSSIBLE!

À 4 MOIS, JE RESSEMBLAIS À ÇA:
TOUT PETIT BEDON
FEMME ENCEINTE QUI T'ÉNERVE. SHOOTÉE AUX HORMONES JUSQU'AUX OREILLES. QUASIMENT AUCUNE PRISE DE POIDS.
À TEL POINT QUE...
PFFF... J'EN AI MARRE... J'AI JUSTE L'AIR D'UNE FILLE QUI FAIT DE L'AÉROPHAGIE... J'AI HÂTE QUE CE SOIT PLUS ÉVIDENT QUE JE SUIS ENCEINTE.
MAIS NOOON!
ON PARIE?
MADEMOISELLE! EXCUSEZ-MOI!
OUI?
HONNÊTEMENT, J'AI L'AIR D'AVOIR TROP MANGÉ DE CASSOULET OU D'ÊTRE ENCEINTE?
EUH... BEN...
JE PEUX PAS VRAIMENT DIRE...
TU VOIS? SI C'ÉTAIT ÉVIDENT, ELLE HÉSITERAIT PAS.
MERCI, MADEMOISELLE!
GLUP

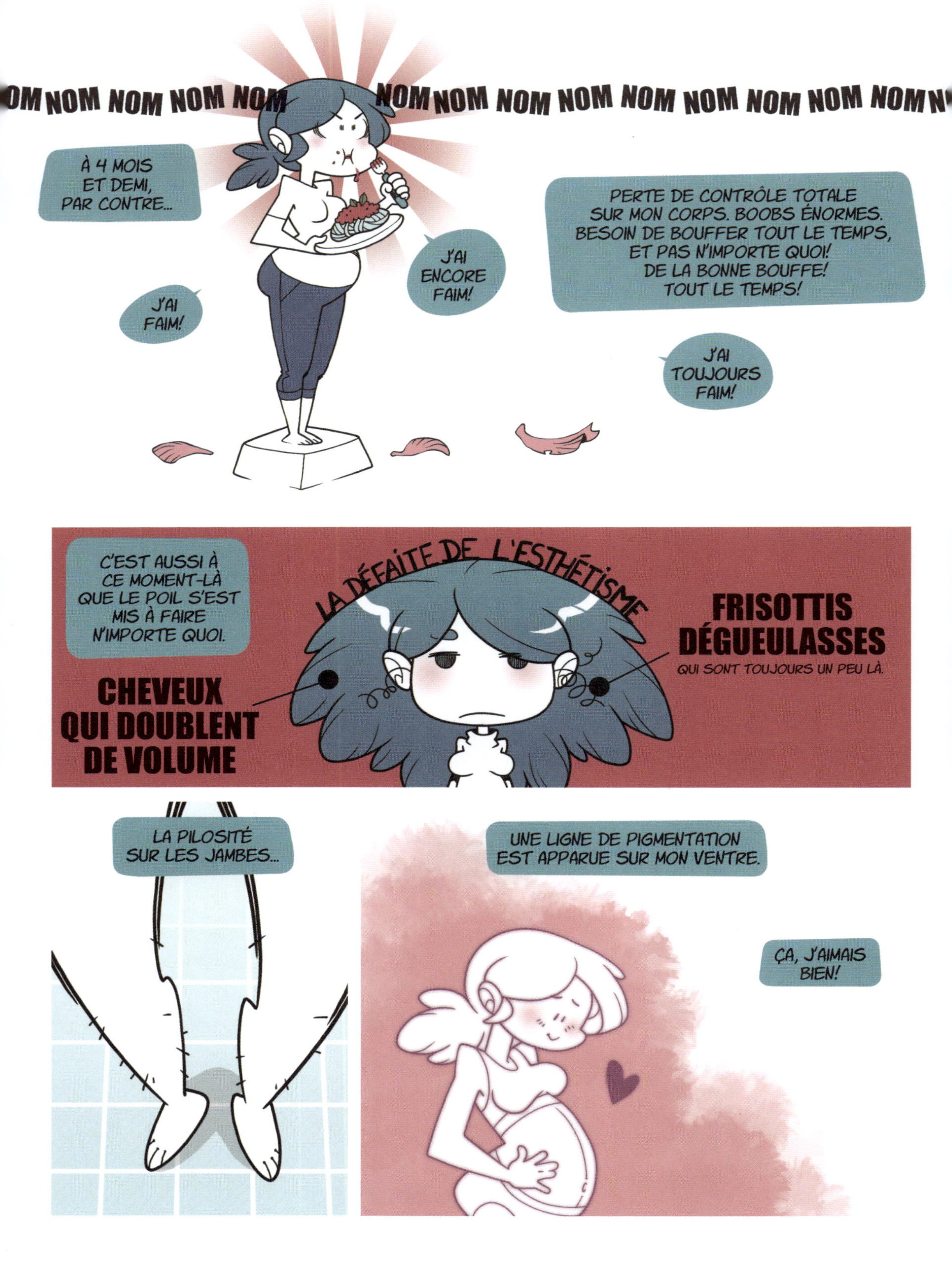
NOM NOM NOM NOM NOM NOM NOM NOM NOM NOM NOM NOM NOM NOM
À 4 MOIS ET DEMI, PAR CONTRE...
J'AI FAIM!
J'AI ENCORE FAIM!
PERTE DE CONTRÔLE TOTALE SUR MON CORPS. BOOBS ÉNORMES. BESOIN DE BOUFFER TOUT LE TEMPS, ET PAS N'IMPORTE QUOI! DE LA BONNE BOUFFE! TOUT LE TEMPS!
J'AI TOUJOURS FAIM!
C'EST AUSSI À CE MOMENT-LÀ QUE LE POIL S'EST MIS À FAIRE N'IMPORTE QUOI.
LA DÉFAITE DE L'ESTHÉTISME
CHEVEUX QUI DOUBLENT DE VOLUME
FRISOTTIS DÉGUEULASSES
QUI SONT TOUJOURS UN PEU LÀ.
LA PILOSITÉ SUR LES JAMBES...
UNE LIGNE DE PIGMENTATION EST APPARUE SUR MON VENTRE.
ÇA, J'AIMAIS BIEN!

POURTANT, UNE COPINE M'AVAIT DIT:
TU VERRAS, C'EST COOL QUAND T'ES ENCEINTE! T'AS QUASIMENT PLUS DE POILS! PLUS BESOIN DE T'ÉPILER!
HA!HA!HA!HA!HA!
LA RÈGLE DOIT PAS S'APPLIQUER AUX BRUNES!
MAIS J'Y AI CRU, NAÏVE QUE J'ÉTAIS.
NAN, PARCE QU'IL Y A UN AUTRE CHANGEMENT DONT IL FAUT QU'ON PARLE... AUTRE QUE LES CHEVEUX, LES POILS DE JAMBES... ET ÇA, ILS EN PARLERONT PAS DANS LE MANUEL "MIEUX VIVRE AVEC VOTRE ENFANT".
LE PAVÉ QU'ON TE DONNE APRES TON PREMIER RDV OFFICIEL DE SUIVI DE GROSSESSE AU QUÉBEC. LISEZ-LE. SÉRIEUSEMENT.
LES POILS PUBIENS!!!
I'M SEXY AND I KNOW IT!
TAC
ILS ONT TELLEMENT POUSSÉ QUE J'AURAIS PU FAIRE DES NATTES... MAIS JE VOUS ÉPARGNE LE VISUEL!

# PAROLES DE PROFESSIONNELS

LE SUIVI DE GROSSESSE EST TRÈS MÉDICALISÉ, ET CERTAINS PRATICIENS MANQUENT PARFOIS DE TACT, VOIRE DE PROFESSIONNALISME.

VOICI DONC QUELQUES PERLES PROVENANT DU CORPS MÉDICAL QUE J'AI EU LE PLAISIR D'ENTENDRE PENDANT MA GROSSESSE.

POUR CE FAIRE, ACCUEILLONS LE DR PICKLE DANS LE RÔLE DU PRATICIEN INSUPPORTABLE.

## 1er rendez-vous avec le généraliste

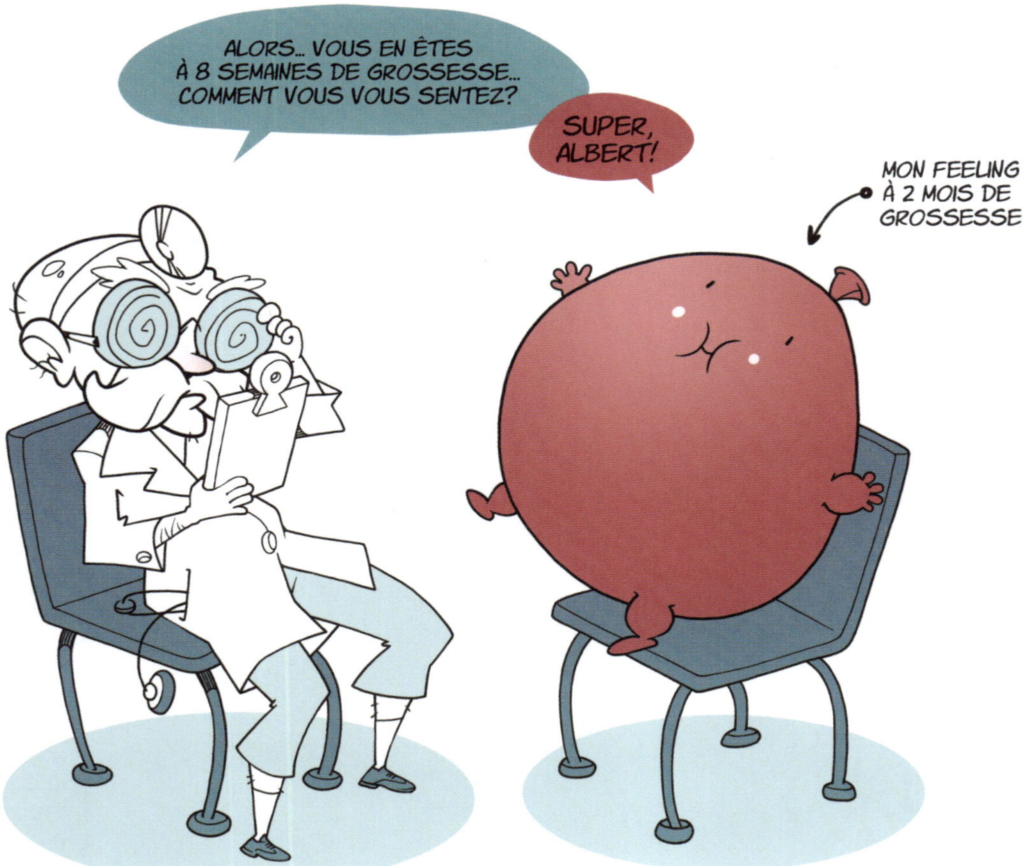

BAH, ÉCOUTEZ...
À PART LE FAIT QUE JE ME SENTE ÉNORME ET QUE J'AI DU MAL À MONTER 3 MARCHES...
ÇA VA PLUTÔT BIEN!
VOUS NE BUVEZ PAS?
NON.
VOUS NE FUMEZ PAS?
NON.
PAS DE DROGUES?
HA!HA! NON!
EST-CE QUE VOUS FAITES DU SPORT?
BÉH, NON, CEST QUE JE SUIS QUAND MÊME UN PEU FATIGUÉE ET...
OUI! BON! LA GROSSESSE, C'EST PAS UNE MALADIE. FAUDRAIT VOUS BOUGER!
SCRITCH
PARDON?!
J'AVOUE QUE J'AI TOTALEMENT MANQUÉ DE RÉPARTIE CE JOUR-LÀ.

# 1er rendez-vous avec le gynéco

VOICI CÉCILE.
J'AI FAIT MON SUIVI DANS LA MÊME CLINIQUE DE GYNÉCO QU'ELLE.
ON ÉTAIT ENCEINTES EN MÊME TEMPS.
ELLE M'AVAIT PARLÉ DE SON GYNÉCO QUI DÉNIGRAIT SES "PETITS PROBLÈMES DE FEMME ENCEINTE".

LE HASARD ME L'A ATTRIBUÉ AUSSI.
DONC AU 1ER RENDEZ-VOUS, J'ÉTAIS PRÉPARÉE PSYCHOLOGIQUEMENT. EN PLUS, MA GROSSESSE SE PASSAIT EXTRÊMEMENT BIEN, ALORS PAS POSSIBLE POUR LUI DE M'ATTAQUER SUR MES "BOBOS" DE GROSSESSE VU QUE JE N'AVAIS FINALEMENT PAS GRAND-CHOSE À RACONTER.

VOICI DONC CE QUE MON RENDEZ-VOUS A DONNÉ (DIALOGUES 100 % AUTHENTIQUES).

A PRIORI, NON… ENFIN, C'EST SÛR QUE J'AI UN PEU PEUR DE LA DOULEUR PENDANT L'ACCOUCHEMENT VU QUE JE NE VEUX PAS DE PÉRIDURALE, MAIS…
OH, CA VA! C'EST JUSTE UN JOUR DANS VOTRE VIE! VOUS NE VIVEZ PAS EN SYRIE, HEIN!
SCRITCH
PARDON?!
APRÈS LE RENDEZ-VOUS, J'AI SUBTILEMENT TENTÉ DE CHANGER DE PRATICIEN.
POUR LA PROCHAINE RENCONTRE, JE PENSE QUE JE SERAIS PLUS À L'AISE AVEC UNE FEMME.
OUI, ATTENDEZ. JE REGARDE…
DONC, CE SERAIT LE 12 MARS À 11 H AVEC LE DR. ROGER BERGERON.
ROGER? PAR-FAIT.
ELLE SAVAIT.
LE GARS AVAIT CLAIREMENT ÉTÉ FORMÉ À LA MÉDECINE DANS LES ANNÉES 50… AUCUNE ÉCOUTE ET APPAREMMENT INFECT LORS DES ACCOUCHEMENTS. IL A TRÈS MAUVAISE RÉPUTATION DANS LE "MILIEU". MÊME MA DOULA EN AVAIT ENTENDU PARLER (EN MAL) À PLUSIEURS REPRISES…
18/09 DE GARDE: DR PICKLE
GLUP
IL ÉTAIT DE GARDE LE JOUR OÙ J'AI ACCOUCHÉ… J'AI EU UNE PETITE SUÉE…

## LES HORMONES

GLOBALEMENT, DU 2E MOIS À LA FIN DE LA GROSSESSE, LES HORMONES ONT EU UN EFFET PLUTÔT EUPHORISANT SUR MOI. J'AI APPELÉ ÇA LE "BOUCLIER HORMONAL", DONT LA MISSION EST DE PROTÉGER LE MORAL DE LA FEMME ENCEINTE DES ASSAUTS DU MONDE EXTÉRIEUR.

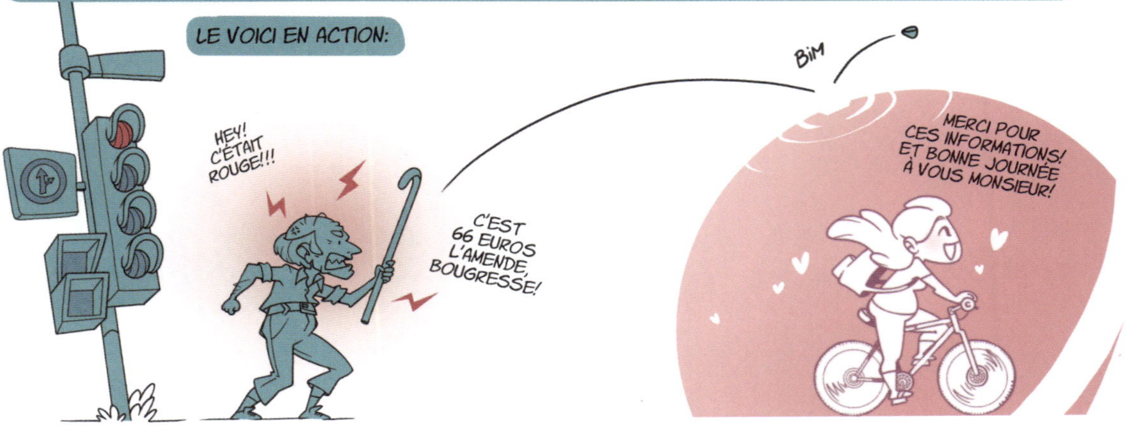


AVANT QUE VOUS NE JUGIEZ LA CYCLISTE QUE JE SUIS, C'ÉTAIT UNE RUE EN TRAVAUX (DONC SANS PASSAGE DE VOITURES) ET J'AVAIS REGARDÉ 3 FOIS AVANT D'Y ALLER.

CE QUI M'AMÈNE AU POINT SUIVANT: LA VARIABILITÉ DE L'HUMEUR DE LA FEMME ENCEINTE ET L'EXACERBATION DE SES ÉMOTIONS.
TU TE RENDS COMPTE QUE T'ES SUR UN HIGH JUSTE PARCE QUE T'ES EN TRAIN DE MANGER UNE BANANE!
BAH QUOI?
C'EST PARCE QUE C'EST BON, LES BANANES!!! TU COMPRENDS RIEN!
DANS LA MÊME JOURNÉE, JE POUVAIS PASSER PAR LES ÉTATS SUIVANTS:
10 H
OOOH! LE MIGNON PETIT CACTUS!
12 H
FUME PAS À CÔTÉ DE MOI, FILS DE CHIEN! TU VOIS PAS QUE JE SUIS ENCEINTE!!!
14 H
IF I LAY HERE... IF I JUST LAY HERE... WOULD YOU LIE WITH ME AND JUST FORGET THE WORLD?
PUTAIN... DENIS... C'EST HORRIB'...
EH OUI, ÇA PEUT ÊTRE DÉSTABILISANT, MAIS C'EST HORMONAL, IL N'Y A RIEN À FAIRE À PART EN RIRE.

MAINTENANT...
QUESTION:
AVEZ-VOUS ENTENDU PARLER DE L'OCYTOCINE?
C'EST L'HORMONE DE L'AMOUR.
Tyr
$H_2N$
Cys
S
S
Cys
Pro
Leu
Asn
$NH_2$
$H_2N$
Gly
CELLE QUE VOTRE CERVEAU SÉCRÈTE QUAND ON VOUS DIT UN MOT GENTIL, QUAND ON VOUS FAIT UN MASSAGE, QUAND VOUS FAITES L'AMOUR... BREF, CELLE QUI VOUS REND HEUREUX!
C'EST VITAL, ON EN A TOUS BESOIN, MAIS ENCORE PLUS SPÉCIFIQUEMENT QUAND ON EST ENCEINTE. ET LÀ, VOUS ALLEZ ME DEMANDER...
POURQUOI?

PARCE QUE LE NOMBRE DE RÉCEPTEURS D'OCYTOCINE AUGMENTE EN MÊME TEMPS QUE LA TAILLE DE L'UTÉRUS PENDANT LA GROSSESSE.
CONSÉQUENCE LOGIQUE: LA FEMME A ENCORE PLUS BESOIN D'OCYTOCINE.
ELLE A DONC ÉNORMÉMENT BESOIN QU'ON LUI TÉMOIGNE DE L'AMOUR ET DE L'AFFECTION, DE SE SENTIR DANS UN ENVIRONNEMENT SÉCURISANT... BREF, TOUT POUR STIMULER LA PRODUCTION D'OCYTOCINE (SURTOUT AU 3E TRIMESTRE).
BIZ
C'EST GRÂCE À CETTE HORMONE QUE L'UTÉRUS VA SE METTRE TRANQUILLEMENT AU TRAVAIL EN VUE DE L'ACCOUCHEMENT (DILATATION DU COL, CONTRACTIONS, ETC.)
ALORS OUI! UN BEL ORGASME PEUT PROVOQUER LE TRAVAIL!
Flower Power

L'ENNEMIE JURÉE DE L'OCYTOCINE,
C'EST L'ADRÉNALINE.

L'ADRÉNALINE EST L'HORMONE DU STRESS, DE LA SURVIE.
ELLE BLOQUE LES RÉCEPTEURS D'OCYTOCINE. ELLE PEUT RALENTIR LE TRAVAIL.
QUAND ON Y PENSE, C'EST TOTALEMENT LOGIQUE.
À L'ÉPOQUE OÙ ON ÉTAIT UN PEU PLUS PRIMITIF, CE PROCESSUS AVAIT UNE VRAIE UTILITÉ.

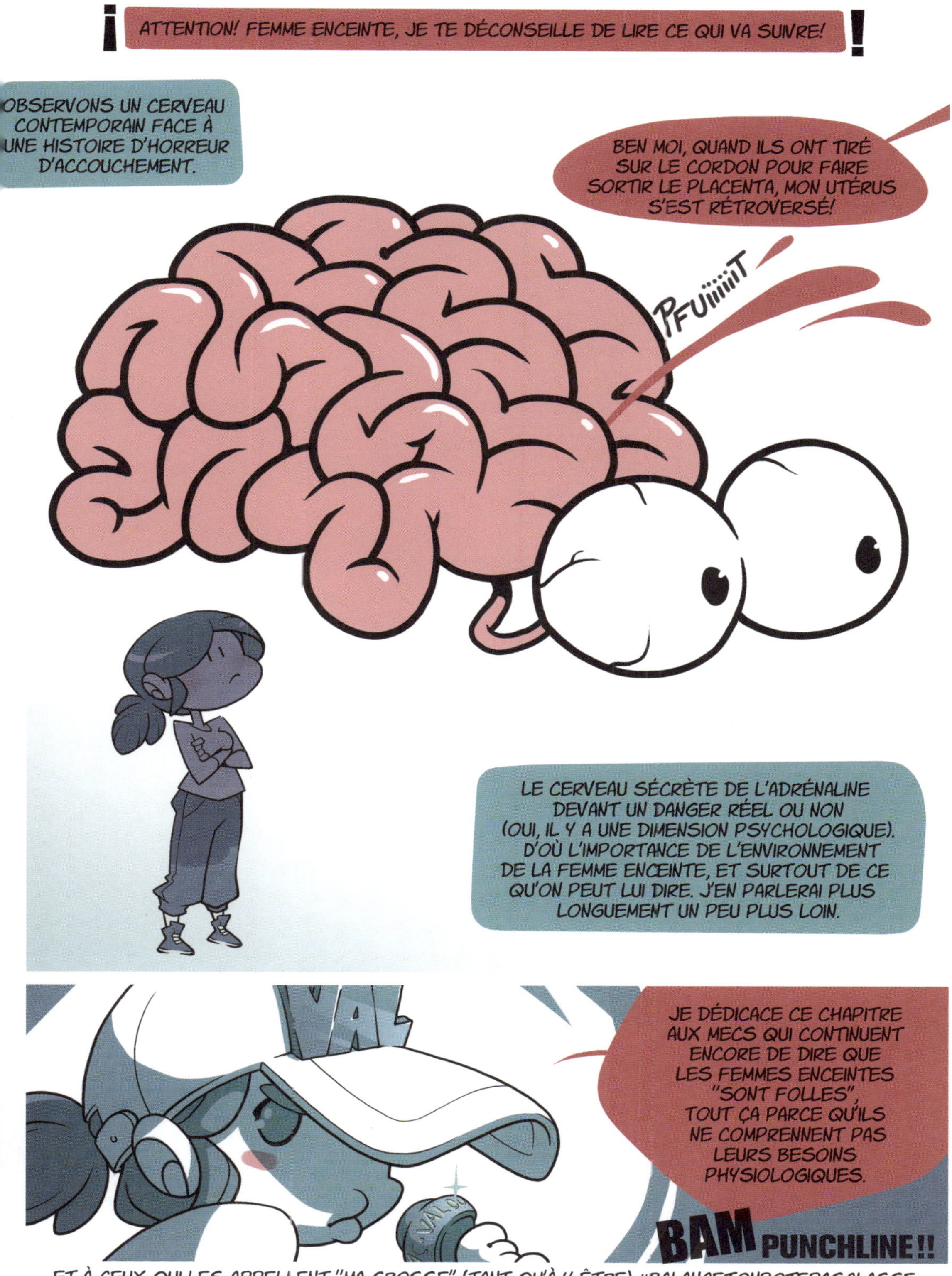


ET À CEUX QUI LES APPELLENT "MA GROSSE" (TANT QU'À Y ÊTRE) #BALANCETONPOTEPASCLASSE.

LES ANGOISSES
ON VA PAS SE MENTIR… LA PERSPECTIVE D'AVOIR UN ENFANT EST, DE BASE, UN PEU ANGOISSANTE. MAIS ELLE L'EST ENCORE PLUS QUAND ON A DE LA MATIÈRE À RUMINER.
EST-CE QUE JE VAIS REPRODUIRE DES CHOSES AVEC LUI?
IL VA SÛREMENT POSER DES QUESTIONS QU'EST-CE QUE JE VAIS POUVOIR LUI DIRE?
IL N'AURA PAS L'ENTOURAGE DONT JE RÊVAIS POUR LUI…

MA PLUS GROSSE CRAINTE, C'ÉTAIT D'AVOIR UNE FILLE...
PAS QUE JE NE VOULAIS PAS D'UNE FILLE, MAIS, DANS MA TÊTE, AVOIR UN GARÇON MINIMISAIT BEAUCOUP DE RISQUES. JE NE DÉVELOPPERAI PAS CE POINT ICI.
ALORS, J'AI EU RECOURS À UN ARSENAL DE TECHNIQUES DOUCES POUR GÈRER MON ANXIÉTÉ. CAR TU NE PEUX RIEN PRENDRE PENDANT TA GROSSESSE (PRINCIPE DE PRÉCAUTION), MÊME DES HUILES ESSENTIELLES OU DE LA TISANE À LA CAMOMILLE...
OSTÉO
ACUPUNCTURE
COHÉRENCE CARDIAQUE
BIP
BIP
BIP
MASSAGE
IL EXISTE DES TABLES ADAPTÉES !

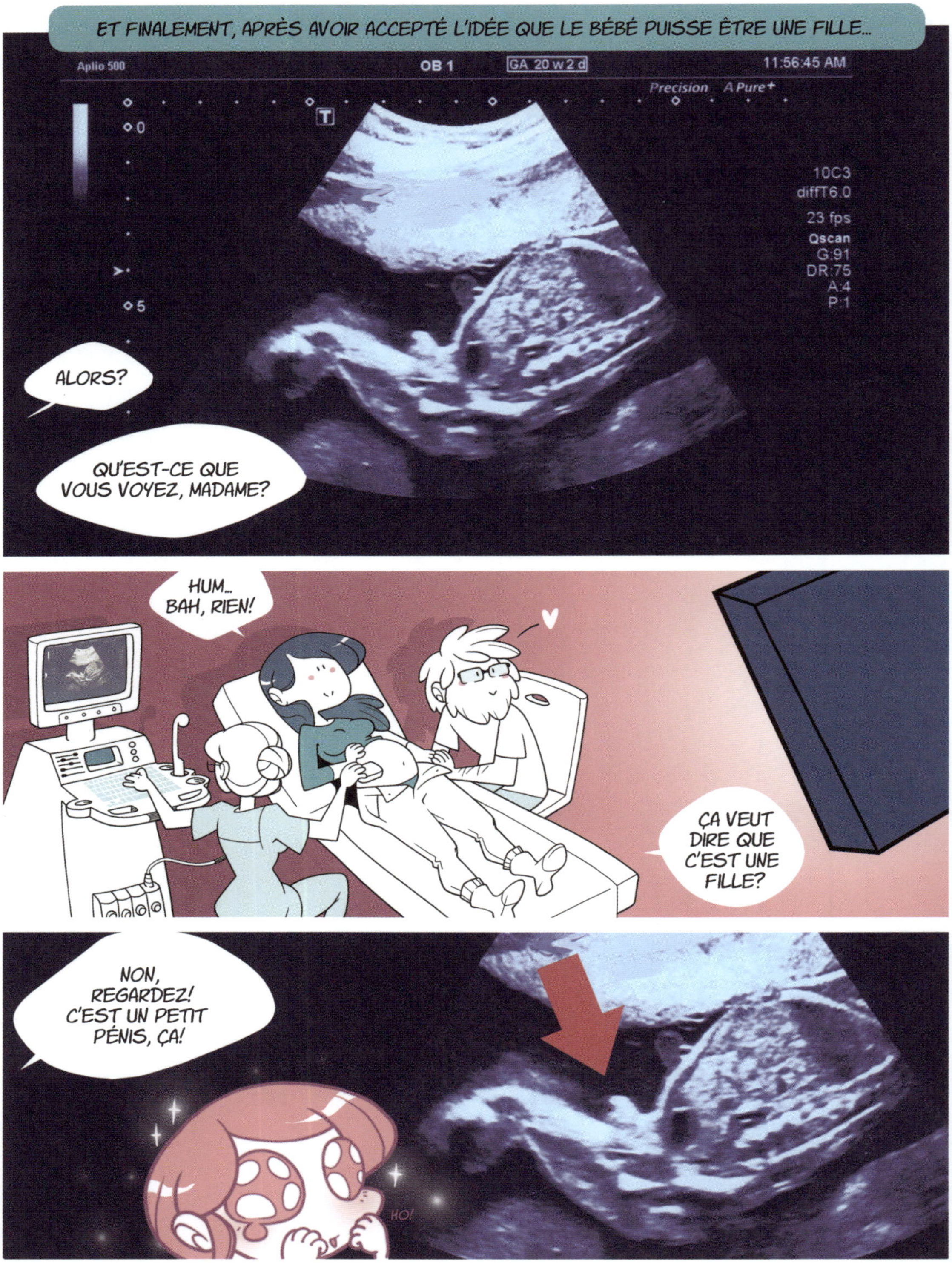
ET FINALEMENT, APRÈS AVOIR ACCEPTÉ L'IDÉE QUE LE BÉBÉ PUISSE ÊTRE UNE FILLE...
Aplio 500
OB 1
GA 20 w 2 d
11:56:45 AM
Precision
APure+
10C3
diffT6.0
23 fps
Qscan
G:91
DR:75
A:4
P:1
ALORS?
QU'EST-CE QUE VOUS VOYEZ, MADAME?
HUM... BAH, RIEN!
ÇA VEUT DIRE QUE C'EST UNE FILLE?
NON, REGARDEZ! C'EST UN PETIT PÉNIS, ÇA!
HO!

POUR VOYEUR mag
Le meilleur magazine en ville!
Vos cahiers:
la libido pendant la grossesse
WOW!
VALOUCH ENCEINTE:
SEXUALITÉ, ELLE VOUS DIT TOUT!
WOW!
WOW!
ALLEZ, VIENS! TU VAS VOIR, ON EST BIEN!
MADONE ET PUTAIN?
L'idée fait son chemin.
2,50 $ - 1,50 €
DOUDOU:
IL DÉSERTE LE LIT CONJUGAL
À 7 MOIS ET DEMI
DE PEUR DE PROVOQUER
UN ACCOUCHEMENT PRÉCOCE!!!
PI PARCE QUE JE RONFLAIS.

ENCEINTE, JE ME SENTAIS PAS SEXY DU TOUT... MAIS J'AVAIS SOUVENT ENVIE. ON A DONC CONTINUÉ NOTRE VIE SEXUELLE À PEU PRÈS NORMALEMENT. PASSÉ LES 6 MOIS, NOUS AVONS PRIVILÉGIÉ LA POSITION DITE DE "LA CHATTE EN CHALEUR", POUR DES RAISONS ÉVIDENTES D'ERGONOMIE.
HOOO!
HAAA!
TAC TAC TAC
EN AMAZONE, C'ÉTAIT COMPLIQUÉ...
COINCE
MÊME CHOSE POUR LE MISSIONNAIRE.
GNIII!
BON. LAISSE TOMBER.
MAIS APRÈS 7 MOIS ET DEMI, ON A ARRÊTÉ NOS CONNERIES À LA SUITE D'UNE BELLE CONTRACTION POST-COÏTALE.

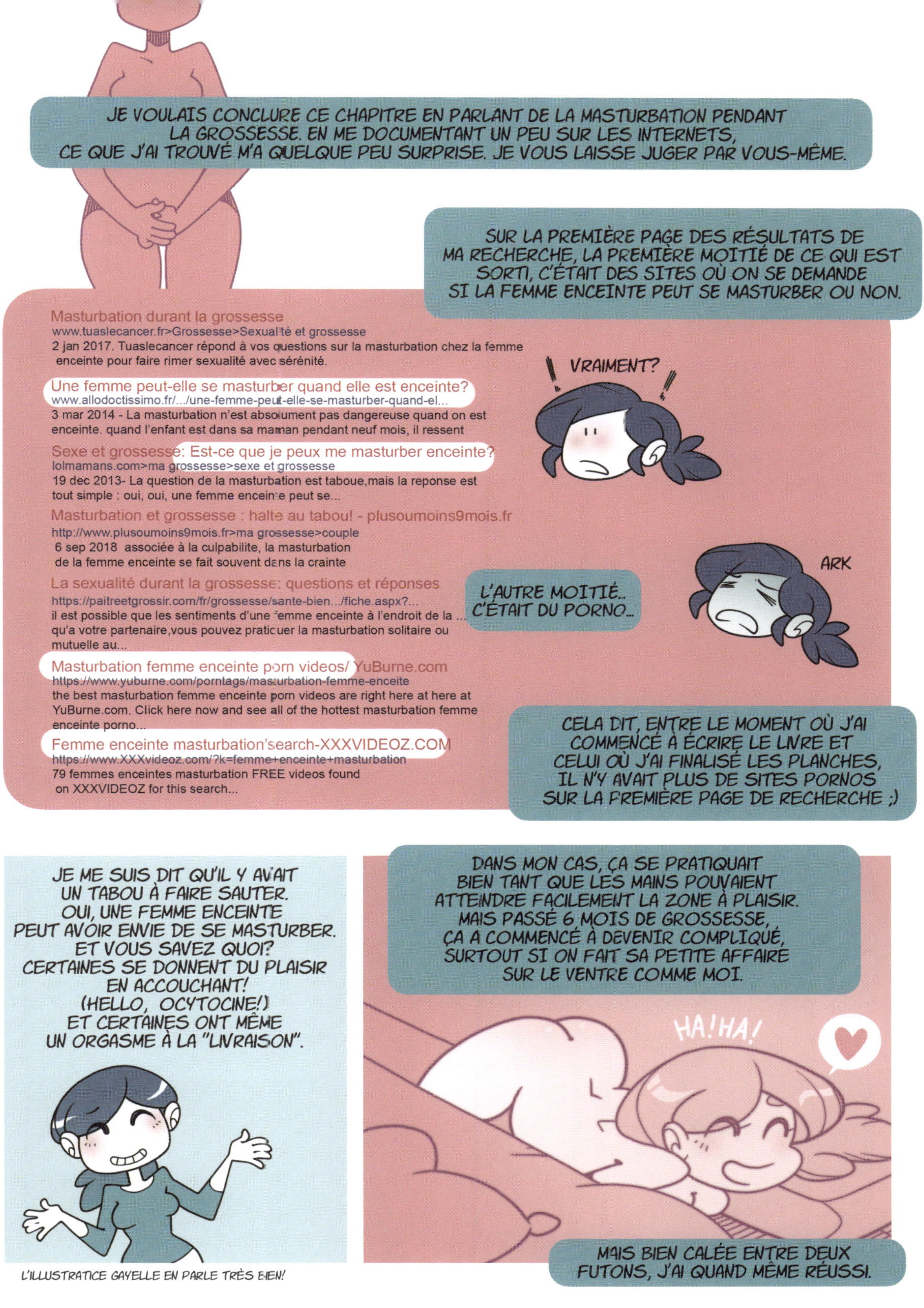


L'ILLUSTRATICE GAYELLE EN PARLE TRÈS BIEN!

# MAIS TAISEZ-VOUS!

BAH LÀ! TU PEUX PAS VOULOIR ÊTRE ENCEINTE ET PAS VOULOIR "TROP" GROSSIR!
EH SI!
TU PEUX NE PAS VOULOIR PRENDRE 30 KILOS...
ET Y ARRIVER.
T'EMBALLE PAS. C'EST LONG AVANT DE TOMBER ENCEINTE QUAND TU ARRÊTES LA PILULE.
PAS FORCÉMENT!
POUR NOUS, ÇA A PRIS 2 MOIS!
UN PREMIER BÉBÉ, ÇA ARRIVE TOUJOURS APRÈS TERME... AU MOINS UNE SEMAINE!
FAUX!
2 SEMAINES D'AVANCE...
PUIS, JE VEUX PAS TE FAIRE PEUR MAIS... UN PREMIER ACCOUCHEMENT, C'EST TOUJOURS TRÈS LONG...
FAUX!
3H! EMBALLÉ C'EST PESÉ!
TU VEUX PAS DE PÉRIDURALE?!
HOHOHOOOooo
ALLEZ, JE VAIS TE LAISSER TES ILLUSIONS...
MAIS TU VAS SUPPLIER POUR L'AVOIR AU BOUT DE 2H DE TRAVAIL COMME TOUT LE MONDE!
FAUX!
FAUX!
SWUUUURP
FAUX!
BON... J'AVOUE, JE ME GARDAIS L'OPTION DANS UN COIN DE MA TÊTE.

UN JOUR, EN VISITE CHEZ DES AMIS. LORS D'UNE SESSION DE THÉ À LA MENTHE.
OOOOH, VOUS ÊTES ENCEINTE! ÇA FAIT COMBIEN DE TEMPS?
6 MOIS!
NOM NOM NOM
FEMME ARRIVÉE À L'IMPROVISTE 10 MINUTES PLUS TÔT
AH! MOI, J'AI TELLEMENT SOUFFERT PENDANT MON ACCOUCHEMENT. MÊME MAINTENANT, DES FOIS, J'AI ENCORE MAL AUX REINS...
EN TOUT CAS... PROFITEZ-EN BIEN PARCE QUE BIENTÔT VOUS NE POURREZ PLUS DORMIR...
BAH, NON... ÇA VA!
J'AI JUSTE UN PEU DE MAL À TROUVER MA POSITION POUR DORMIR À CAUSE DE MON VENTRE.
ÇA VEUT DIRE QUE VOUS VOUS TOURNEZ DE DROITE À GAUCHE DANS LE LIT AVANT DE VOUS ENDORMIR?!
BEN... OUI.
MAIS IL NE FAUT JAMAIS FAIRE ÇA!!!
?!!

PARCE QUE...
LE CORDON PEUT S'ENROULER AUTOUR DU COU DU BÉBÉ... ET IL PEUT MOURIR!
C'EST ARRIVÉ À UNE COUSINE, AU VILLAGE!
!
IL NE FAUT JAMAIS PASSER DE DROITE À GAUCHE DIRECTEMENT QUAND ON EST ALLONGÉE. IL FAUT S'ASSEOIR ENTRE CHAQUE POSITION!
NAN MAIS SANS DÉCONNER
POURQUOI ELLE ME RACONTE CES HORREURS
EN PLUS, C'EST MÊME PAS POSSIBLE, SON TRUC
GLUP
...
JE VAIS Y ALLER. MERCI POUR LE THÉ!

J'AI FAIT CET ARBRE DE DÉCISION POUR GUIDER CEUX QUI SERAIENT PRIS D'UNE IRRÉSISTIBLE ENVIE DE FAIRE DE LA VOYANCE ;)

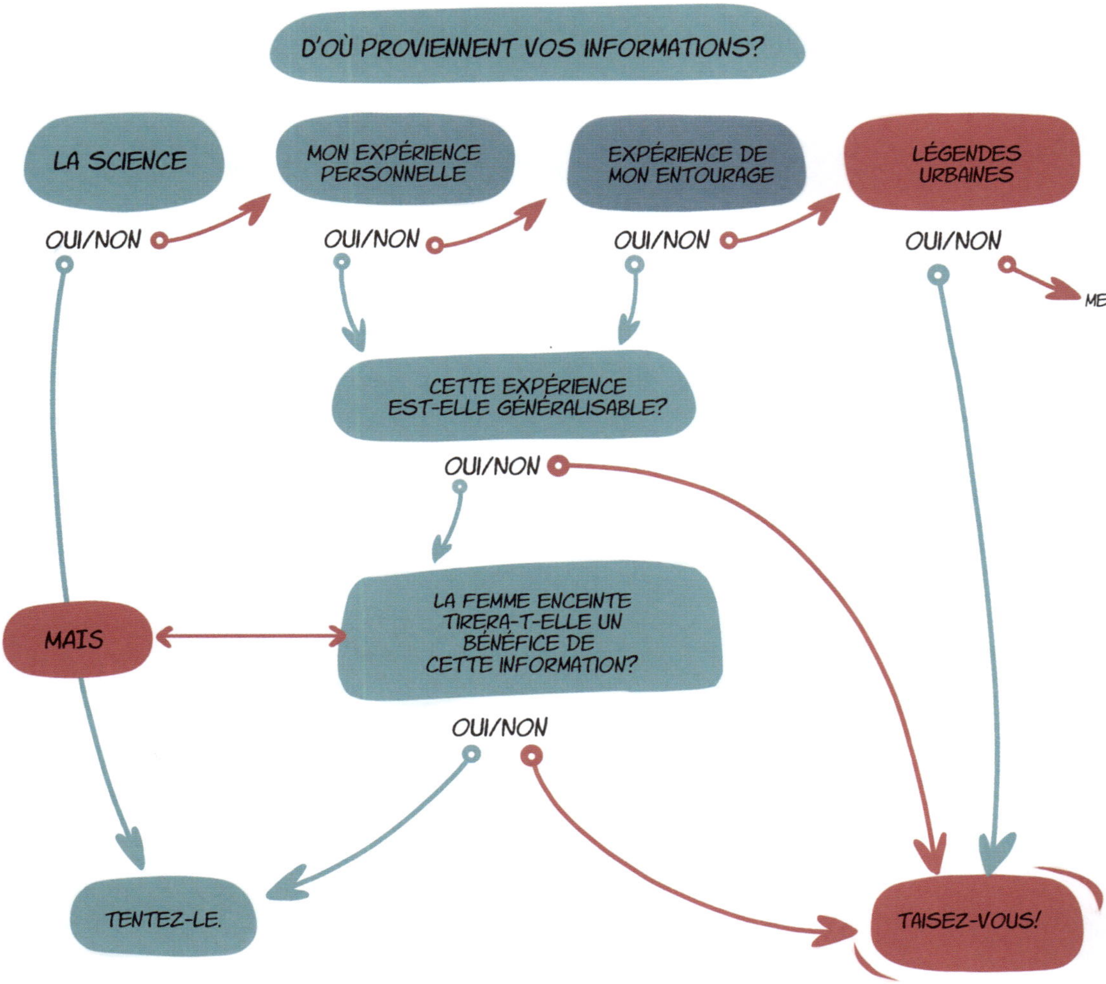


CERTAINES FEMMES ENCEINTES PEUVENT ÊTRE ANXIEUSES.
ESSAYEZ DE NE PAS EN RAJOUTER. TOUT PEUT TRÈS BIEN SE PASSER AUSSI.
ON PARLE MALHEUREUSEMENT TROP SOUVENT DES MAUVAISES EXPÉRIENCES,
ET PAS ASSEZ DE CELLES QUI SE PASSENT TRÈS BIEN.
LA SEULE RÈGLE QUE J'AIE PU OBSERVER AUTOUR DE MOI EST LA SUIVANTE:
PLUS LA MAMAN EST SEREINE, PLUS LA GROSSESSE ET L'ACCOUCHEMENT SE PASSENT BIEN.
MAIS, ENCORE LÀ, EST-CE QUE C'EST GÉNÉRALISABLE?

SI VOUS ÊTES UN PROFESSIONNEL DE LA SANTÉ OU DE LA PETITE ENFANCE,
GARDEZ EN TÊTE QUE, MALGRÉ TOUTES VOS CONNAISSANCES DANS VOTRE SPÉCIALITÉ,
VOUS NE CONNAISSEZ PAS OU PEU LE CAS QUE VOUS AVEZ EN FACE DE VOUS.
GARDEZ UNE CERTAINE RÉSERVE SUR VOS OPINIONS OU AMENEZ-LES AVEC DOUCEUR,
LES PARENTS VOUS EN SERONT RECONNAISSANTS.

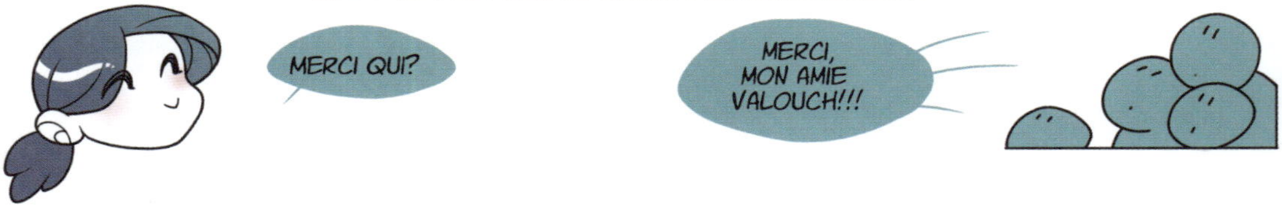

LE TEST DE CITOYENNETÉ CANADIENNE
JE SUIS ARRIVÉE À MONTRÉAL EN 2007 AVEC MA BITE ET MON COUTEAU (LE MINIMUM SYNDICAL). À LA BASE, J'ÉTAIS VENUE ÉTUDIER POUR UN AN. LE DESTIN EN A VOULU AUTREMENT.
Canada DOUANES
655
31 MAR 2007
DORVAL
EN UN AN, J'AI DEMANDÉ ET OBTENU UNE BELLE BROCHETTE DE VISAS POUR ME PERMETTRE,
1/ D'ÉTUDIER;
2/ D'EFFECTUER UN STAGE DANS LE CADRE DE MES ÉTUDES;
3/ DE TRAVAILLER APRÈS LA FIN DE MES ÉTUDES;
4/ DE RESTER POUR DE BON, AVEC UN STATUT DE RÉSIDENT PERMANENT.
Canada
VISA
Délivré à: DETROIT
Catégorie: IMMIGRANT
Nom: VALOUCH
Canada
République des Français
PASSEPORT
TOUT ÇA A REPRÉSENTÉ DES MOIS DE DÉMARCHES ADMINISTRATIVES LONGUES ET COÛTEUSES... MAIS... HEH... JE VOULAIS RESTER, MOI!

J'AI ENSUITE RENCONTRÉ L'HOMME EN 2009.
ALLEZ! VIENS! ON DEVIENT CITOYENS ENSEMBLE!
À L'ÉPOQUE, IL AVAIT UN PERMIS VACANCES/TRAVAIL.
C'EST UN STATUT UN PEU PRÉCAIRE. MAIS IL AVAIT DÉJÀ LANCÉ LES DÉMARCHES POUR LA RÉSIDENCE PERMANENTE.
LA CITOYENNETÉ CANADIENNE SE MÉRITE:
1/ ELLE DEMANDE DE LA PATIENCE (NOUS N'AVONS PU Y PRÉTENDRE QU'EN 2017).
2/ ELLE EST COÛTEUSE, L' ENSEMBLE DES DÉMARCHES ET LES FRAIS POUR LA CITOYENNETÉ ELLE-MÊME REPRÉSENTENT QUELQUES MILLIERS DE DOLLARS.
3/ IL FAUT TÉMOIGNER UN INTÉRÊT CERTAIN POUR LE PAYS, D'OÙ LE TEST DE CITOYENNETÉ.
LES MOIS APRÈS L'ACCEPTATION DE NOTRE DEMANDE, ON A POTASSÉ LE GUIDE D'ÉTUDE OFFICIEL: "DÉCOUVRIR LE CANADA".
EN QUELLE ANNÉE L'ACTE DE L'AMÉRIQUE DU NORD BRITANNIQUE EST-IL ENTRÉ EN VIGUEUR?
1867!
BUZZ
BIEN!

QUAND LA CONVOCATION POUR L'EXAMEN EST ARRIVÉE, J'EN ÉTAIS À 6 MOIS DE GROSSESSE ET J'ÉTAIS EN FEU!
MADAAAAME! J'AI FINI!
FINI EN 4 MINUTES
CE QUI EST COOL, C'EST QUE LES AGENTS DE L'IMMIGRATION DONNENT LES RÉSULTATS QUASIMENT TOUT DE SUITE APRÈS L'EXAMEN.
20/20
DOUDOU A EU 19/20. IL S'EST PLANTÉ SUR LA QUESTION QUI PARLAIT DU HOCKEY. J'PENSE QU'IL S'EN VEUT ENCORE.
POC
TU VOIS! J'T'AVAIS DIT DE PAS RÉVISER JUSQU'À PAS D'HEURE HIER SOIR!
J'AIME BIEN QUAND J'AI RAISON AVEC DOUDOU. ÇA ARRIVE PAS SOUVENT, ALORS J'EN PROFITE!
SHHHH.
HA!HA!
...
COIFFÉ EXPRÈS POUR L'OCCASION
IL NE NOUS RESTAIT PLUS QU'À PASSER LA CÉRÉMONIE OFFICIELLE POUR DEVENIR CANADIENS.

# GROSSESSE MAGIQUE

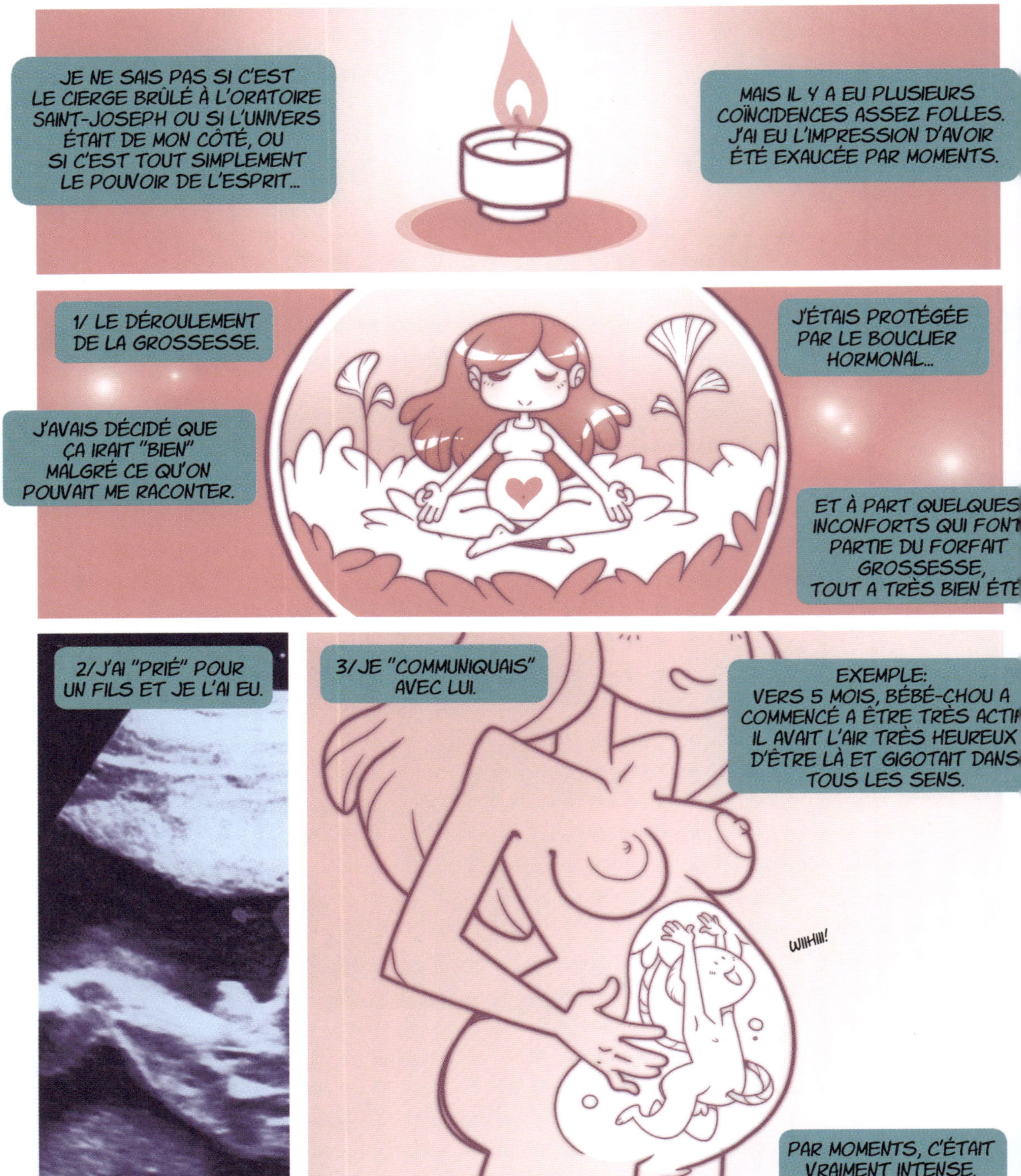

# RECONSTITUTION

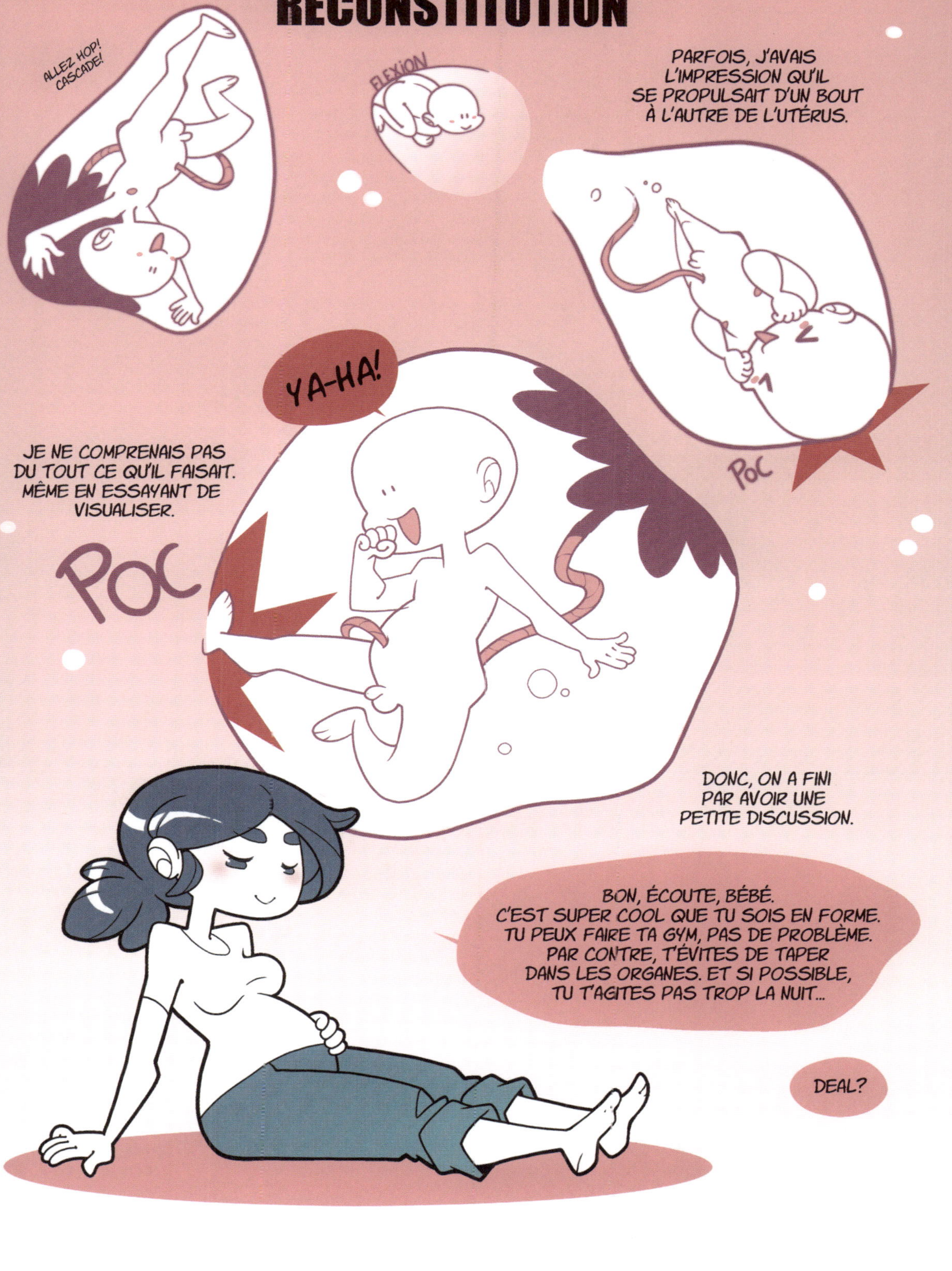

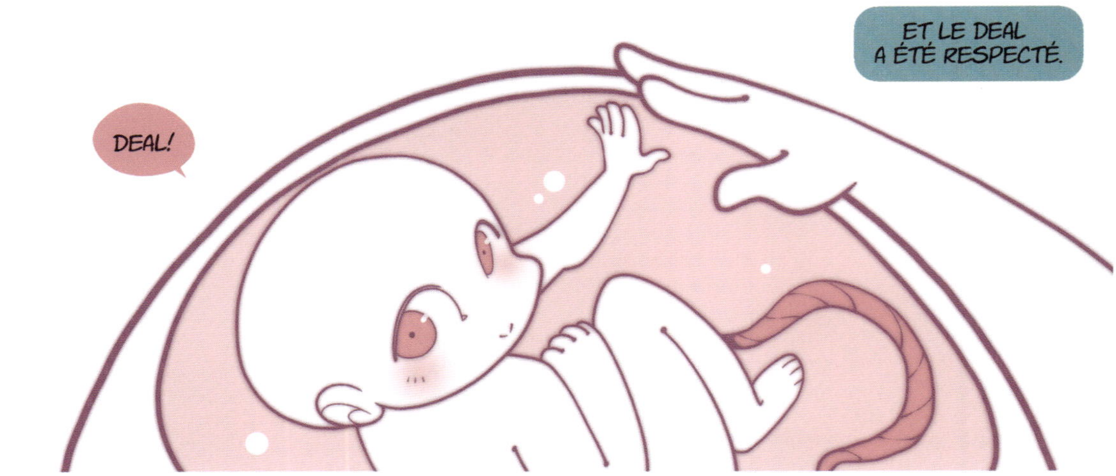

ET LE DEAL A ÉTÉ RESPECTÉ.
DEAL!

AUTRE EXEMPLE: VERS LES 7 MOIS ET DEMI, J'AI COMMENCÉ À ME SENTIR ÉNORME. TOUT DEVENAIT COMPLIQUÉ ET JE ME SENTAIS TEL UN GROS PHOQUE ÉCHOUÉ. ET ÉVIDEMMENT, C'ÉTAIT LA CANICULE À MONTRÉAL.

MÊME RESTER UNE HEURE ASSISE À MON BUREAU ÉTAIT PÉNIBLE.
HA! HA! GÉNIAL, LE TRAVAIL À DOMICILE!
QUELLE OPTION FORMIDABLE!

PASSÉ LE NOMBRE DE SEMAINES EN DESSOUS DESQUELLES LE BÉBÉ EST CONSIDÉRÉ COMME PRÉMATURÉ (37 SEMAINES), J'AI COMMENCÉ À "NÉGOCIER" AVEC MON FILS.
Septembre 2018
1
2 3 4 5 6 7 8
9 10 11 12 13 14 15
16 17 18 19 20 21 22
23 24 25 26 27 28 29
30 1
ON ÉTAIT PAR ICI
D.P.A. (DATE PRÉVUE D'ACCOUCHEMENT)
ÉCOUTE... MAMAN EST AU BOUT DE SA VIE, LÀ...
ALORS, SI T'ES PRÊT, ÇA SERAIT VRAIMENT COOL QUE T'ARRIVES UN PEU EN AVANCE...
GENRE, POUR L'ANNIVERSAIRE DE TON PÈRE, LE 13, OU ALORS POUR CELUI DE TON ARRIÈRE-GRAND-MÈRE, LE 18.
JE VAIS VOIR CE QUE JE PEUX FAIRE.
LE 13 SEPTEMBRE EST ARRIVÉ.
BON... ÇA SERA PAS POUR AUJOURD'HUI, ON DIRAIT...
C'PAS GRAVE!

PRÉNOM MAGIQUE
ON ÉTAIT DÉCIDÉS DEPUIS LONGTEMPS SUR LE PRÉNOM.
ENFANT À NAÎTRE
Nom: ★★★★★
Prénom: à déterminer
DPA: 1 octobre 2018
ET ON ÉTAIT SURTOUT DÉCIDÉS À N'EN PARLER À PERSONNE. ON NE VOULAIT PAS ÊTRE INFLUENCÉS, NOTRE CHOIX ÉTANT UN PEU "EXOTIQUE".
ALORS?
VOUZAVÉ CHOISIII ?
J'AVAIS ACHETÉ LES LETTRES DU PRÉNOM POUR LA DÉCO DE LA CHAMBRE DU BÉBÉ.
LE LENDEMAIN DE L'ANNIVERSAIRE DE DOUDOU (LE 14 SEPTEMBRE, DONC), J'AI PARLÉ PAR SKYPE AVEC MA SŒUR. ELLE A TELLEMENT INSISTÉ POUR CONNAÎTRE LE PRÉNOM EN AVANT-PREMIÈRE QUE J'AI FINI PAR LUI "MONTRER" LES LETTRES DE CELUI-CI.
KAKI
S
AI-JE BESOIN DE PRÉCISER QUE CE N'EST PAS VRAIMENT LE CHOIX QU'ON AVAIT FAIT?

SA RÉACTION A QUELQUE PEU MANQUÉ D'ENTHOUSIASME...
AH BEN... C'EST... ORIGINAL...
ÇA SE PRONONCE COMMENT EXACTEMENT?
BON..
VA FALLOIR TROUVER AUTRE CHOSE...
J'AI PAS ENVIE QU'IL SOIT CONFRONTÉ À ÇA TOUTE SA VIE.
DÉJÀ QUE JUSTE AVEC TON NOM DE FAMILLE, IL RISQUE D'AVOIR DROIT À DES JEUX DE MOTS POURRIS.
...

TIC TOC TIC TOC TIC TOC TIC TOC TIC TOC TIC TOC
DONC, ON S'EST RETROUVÉS À 2 SEMAINES DE LA DPA (DATE PRÉVUE D'ACCOUCHEMENT) À ESSAYER DE TROUVER LE PRÉNOM.
HA! HA! AUCUN STRESS!
LE 17 SEPTEMBRE, ON EST PARTIS SE BALADER.
AU BOUT DE 45 MINUTES, MA VESSIE ÉTAIT À SA CAPACITÉ D'ACCUEIL MAXIMALE.
ATTENDS... IL HABITE PAS DANS LE COIN, TISIANG?
TISIANG, C'EST UN VIEUX POTE DE FRANCE.
BZZZZZ
OUI?
TISIANG! C'EST VAL! HEU... JE SUIS VRAIMENT DÉSOLÉE, MAIS... EST-CE QUE JE PEUX MONTER FAIRE PIPI?
HA! HA! BEN OUI! JE T'OUVRE!

AAAH!
HAPPY VESSIE
MERCI!
TISIANG... IL FAUT QUE JE TE DEMANDE TON AVIS SUR LE PRÉNOM.
OUÉ?
ON AVAIT DÉCIDÉ DE L'APPELER ★★★★★ MAIS DISONS QUE ÇA A ÉTÉ MOYENNEMENT BIEN REÇU PAR MON ÉCHANTILLON-TEST.
HMMM...
JE VAIS ÊTRE HONNÊTE, JE PENSE QU'ICI, ÇA NE POSERA PAS DE PROBLÈME...
MAIS SI UN JOUR VOUS RENTREZ EN FRANCE, IL RISQUE DE SE FAIRE POURRIR...
PFF OÉ!
SUR LE CHEMIN DU RETOUR...
ET SI ON L'APPELAIT ♥♥♥♥ C'ÉTAIT DANS TA LISTE DE DÉPART. C'EST MIGNON ET ÇA SE PRONONCE BIEN.
ON POURRAIT!

LITTÉRALEMENT, QUELQUES HEURES PLUS TARD, AU PETIT MATIN DU 18 SEPTEMBRE...
05:00
C'est l'heure!
OH!
BRRRR
BRRRR
VOUS EN DÉDUIREZ CE QUE VOUS VOUDREZ, MAIS CE SONT LES FAITS!
IL A COMMENCÉ SA DESCENTE LE JOUR DE L'ANNIVERSAIRE DE MA GRAND-MÈRE CHÉRIE, QUELQUES HEURES APRÈS QU'ON A PRIS NOTRE DÉCISION POUR SON PRÉNOM!
PAPA!
ÇA VA ÊTRE TELLEMENT COOL DE LUI RACONTER ÇA PLUS TARD!
LÀ, IL A 2 ANS.

LE JOUR J
LE PROCESSUS A DONC DÉBUTÉ VERS 5 HEURES DU MATIN. J'EN AI TOUT DE SUITE AVISÉ L'HOMME.
05:00
DOUDOU...
HMMM?
JE CROIS QU'IL ARRIVE... MAIS C'EST LE DÉBUT, ALORS RESTE COUCHÉ...
HMMMF...
HONNÊTEMENT, LES PREMIÈRES CONTRACTIONS ÉTAIENT VRAIMENT PAS DOULOUREUSES.
J'ESSAYAIS DE SUIVRE LES CONSEILS DE LA DOULA ET DE DE ME RENDORMIR, MAIS IMPOSSIBLE.
ALORS?
ÇA CONTINUE DE TRAVAILLER TRANQUILLEMENT.
CUI CUI
CUI
OK, JE VAIS PRÉVENIR AU TRAVAIL!
DOUDOU A ÉCRIT UN LONG MAIL D'INSTRUCTIONS À SON ÉQUIPE (JE RAPPELLE QUE J'AI DEUX SEMAINES D'AVANCE).
TAP TAP
TAP TAP TAP TAP
J'APPELLE DIANE!
DIANE

ALLO, DIANE! JE PENSE QUE C'EST POUR AUJOURD'HUI!
OK, PRENDS UN BAIN ET DIS-MOI SI LES CONTRACTIONS S'ARRÊTENT.
SI ELLES S'ARRÊTENT PAS, CE SONT LES VRAIES.
BLUP BLUP
BRRRR
HA
DIANE ARRIVA EN FIN DE MATINÉE AVEC SON ÉQUIPEMENT.
UNE "GALETTE"
DES HUILES ESSENTIELLES
DE (FAUSSES) BOUGIES
DU PAPIER (CERTAINS PARENTS VEULENT UNE EMPREINTE DU PLACENTA)
NIVEAU DOULEUR, ÇA MONTAIT PETIT À PETIT, MAIS ENTRE DEUX CONTRACTIONS, JE FAISAIS MON MÉNAGE EN ATTENDANT DIANE.
0 1 2 3 4 5 6 7 8 9 10
SUR UNE ÉCHELLE DE 0 À 10, JE DIRAIS QUE J'ÉTAIS À 6.
PHASE DE LATENCE
TRAVAIL ACTIF
TRANSITION
EXPULSION!
ON ÉTAIT À PEU PRÈS LÀ DANS LE PROCESSUS.

13:00
EN TOUT DÉBUT D'APRÈS-MIDI, L'INTENSITÉ ET LA FRÉQUENCE DES CONTRACTIONS ONT COMMENCÉ À PAS MAL AUGMENTER, JE NE FAISAIS PLUS TROP LA MALIGNE. EN PLUS, AUCUNE DES TECHNIQUES POUR SOULAGER LA DOULEUR NE FONCTIONNAIT.
0 1 2 3 4 5 6 7 8 9 10
ARG
NON!
CHAUD
NON!
C'EST ENCORE PIRE!
FROID
UN DES RARES TRUCS QUI ME FAISAIENT DU BIEN, C'ÉTAIT RENIFLER MA BOUILLOTTE SÈCHE IMBIBÉE D'HUILE ESSENTIELLE DE LAVANDE (ALLEZ SAVOIR POURQUOI) ALLONGÉE DU CÔTÉ GAUCHE.
DÉPART POUR LA MATERNITÉ...
UNE CHANCE, L'HÔPITAL ÉTAIT TRÈS PROCHE.
DIANE NOUS A EMMENÉS EN VOITURE... JE PENSE QUE C'ÉTAIT LES 3 MINUTES ET DEMI LES PLUS LONGUES DE MA VIE.

*DE DILATATION DU COL DE L'UTÉRUS.

14:30
BON!
VOUS ÊTES
À 4 CENTIMÈTRES!
ON PART EN SALLE
D'ACCOUCHEMENT!
WIIHIIIII!

À CHAQUE CONTRACTION,
DOUDOU ET MOI, ON FAISAIT LE COCON.
PLUS RIEN D'AUTRE N'EXISTAIT.
DIANE DEVAIT
SE SENTIR
UN PEU SEULE.
SI TU PRENDS
DE L'EAU,
TU T'HUMECTES
JUSTE LES LÈVRES...

15:10
VOUS ÊTES À 8 CENTIMÈTRES!
GNI
PAS TRÈS LONGTEMPS APRÈS.
VOUS ÊTES TOTALEMENT DILATÉE!
BONJOUR, MADAME. JE M'APPELLE BRIGITTE, JE SUIS INTERNE. EST-CE QUE VOUS ME PERMETTEZ D'ASSISTER À L'ACCOUCHEMENT?
SI ÇA VOUS FAIT PLAISIR. *ARG*
MERCI BEAUCOUP!
IL ARRIVE! IL ARRIVE!
IL ARRIVE!
DE MON CÔTÉ, C'EST LE MOMENT OÙ J'AI PERDU LE FIL DE CE QUI SE PASSAIT À L'EXTÉRIEUR DE MON CORPS. SOIT JE GÉRAIS UNE CONTRACTION, SOIT JE ME REMETTAIS DE LA PRÉCÉDENTE.
YARG!!!
NIVEAU DE DOULEUR:

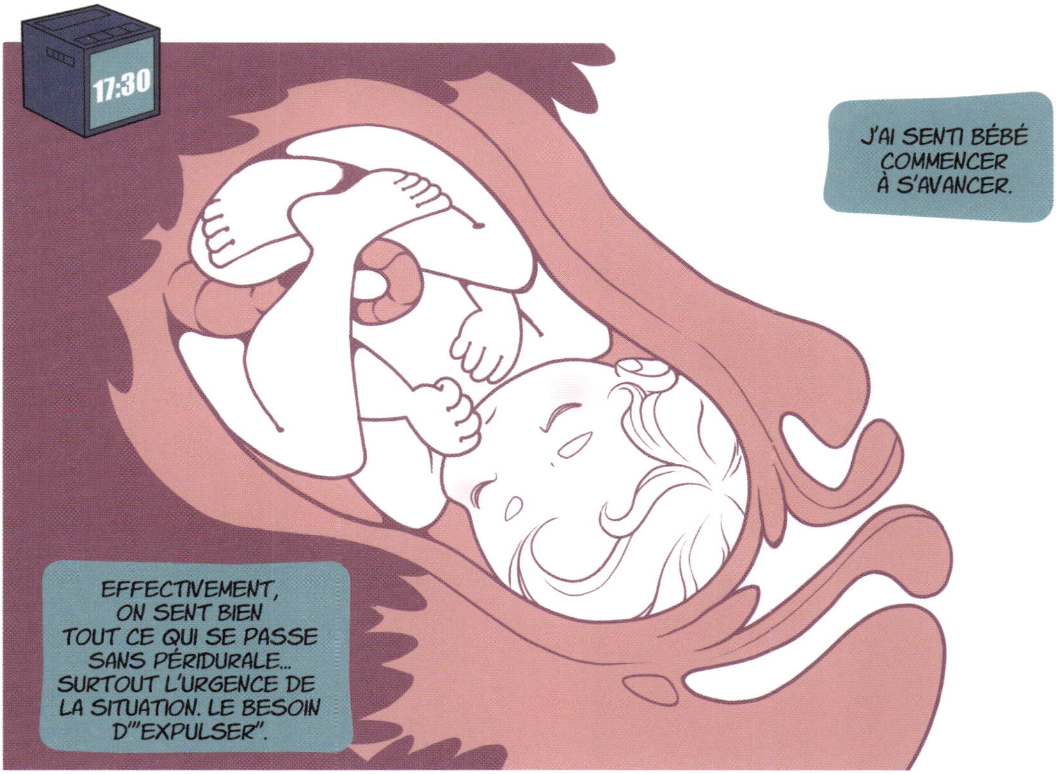

*ANESTHÉSIE LOCALE DU PÉRINÉE INTÉRIEUR ET EXTÉRIEUR.

17:45
HEURE APPROXIMATIVE
VOILÀ!
ATTENDEZ! ELLE A PAS CREVÉ LA POCHE DES EAUX ENCORE! JE M'EN OCCUPE!
TRUC POUR GRATTER LA POCHE
PLOUCH
L'INFIRMÈRE "PRINCIPALE" AVAIT BEAUCOUP DE MÉRITE. ELLE ME COACHAIT VRAIMENT BIEN.
ALLEZ, VAL!
MAINTENANT, POUSSE PAR L'ARRIÈRE!
URG!
OUI! SUPER!
ALLEZ! ENCORE UNE FOIS!
YAAARG
MAIS ELLE AVAIT DU MAL À SORTIR DE SON PROTOCOLE HABITUEL. PAR EXEMPLE, ELLE ME "FORÇAIT" À TENIR L'ARRIÈRE DE MES GENOUX POUR POUSSER MALGRÉ MES PROTESTATIONS.
ATTRAPE L'ARRIÈRE DE TES GENOUX ET POUSSE!
NAN! ÇA FAIT BEAUCOUP PLUS MAL COMME ÇA!!!
C'EST NORMAL QUE ÇA FASSE MAL, UN ACCOUCHEMENT!
J'VOIS PAS LE RAPPORT!
MOI AUSSI, JE VOTE CONTRE.
J'ENCAISSAIS MIEUX LES DOULEURS EN ÉTANT COUCHÉE SUR LA GAUCHE. JE VOULAIS DONC FINIR LE TRAVAIL SUR LE CÔTÉ, MAIS ELLE N'AVAIT PAS VRAIMENT L'AIR DÉCIDÉE À ME SUIVRE DANS MA DÉMARCHE.

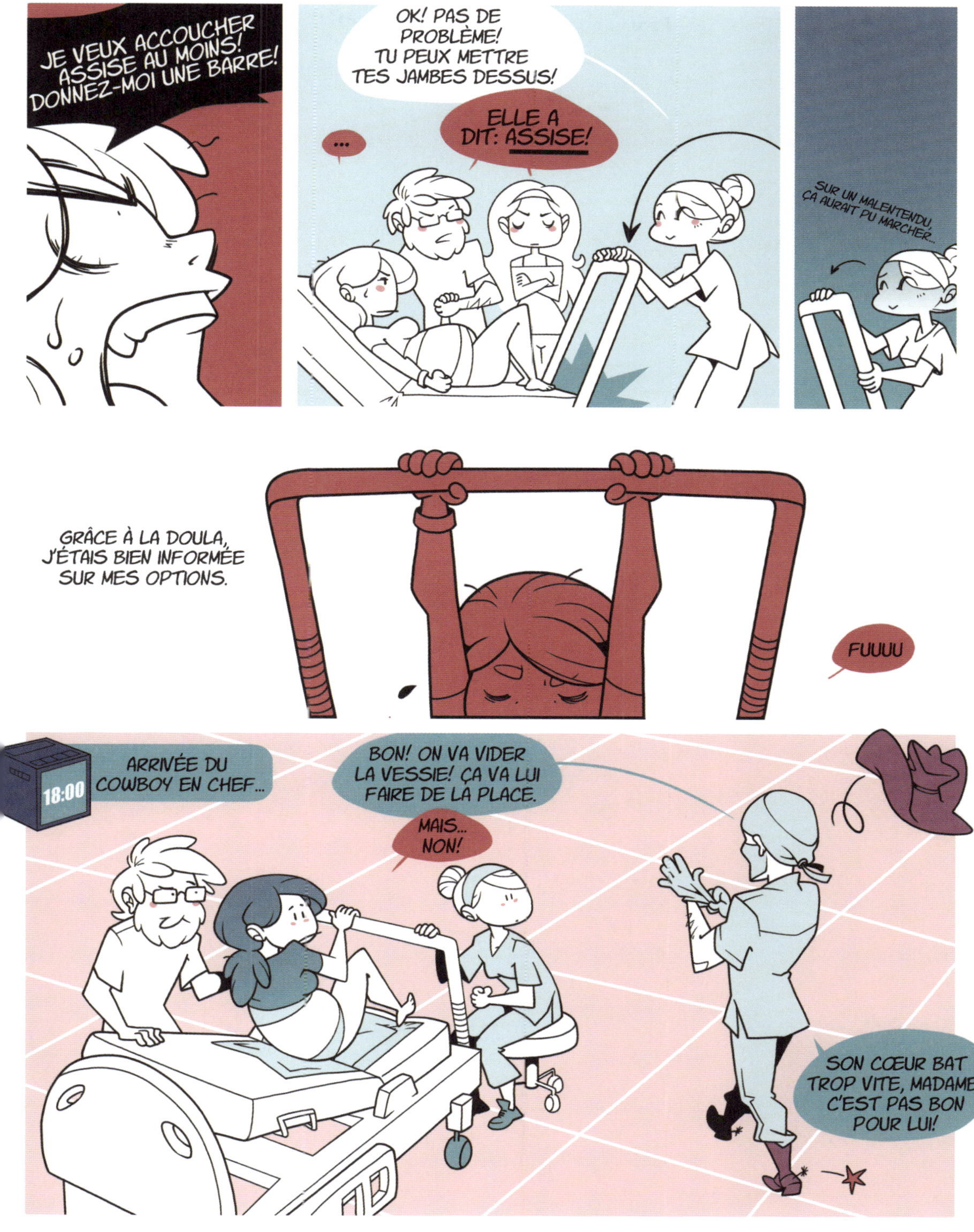
JE VEUX ACCOUCHER ASSISE AU MOINS! DONNEZ-MOI UNE BARRE!
OK! PAS DE PROBLÈME! TU PEUX METTRE TES JAMBES DESSUS!
...
ELLE A DIT: ASSISE!
SUR UN MALENTENDU, ÇA AURAIT PU MARCHER...
GRÂCE À LA DOULA, J'ÉTAIS BIEN INFORMÉE SUR MES OPTIONS.
FUUUU
18:00
ARRIVÉE DU COWBOY EN CHEF...
BON! ON VA VIDER LA VESSIE! ÇA VA LUI FAIRE DE LA PLACE.
MAIS... NON!
SON CŒUR BAT TROP VITE, MADAME! C'EST PAS BON POUR LUI!

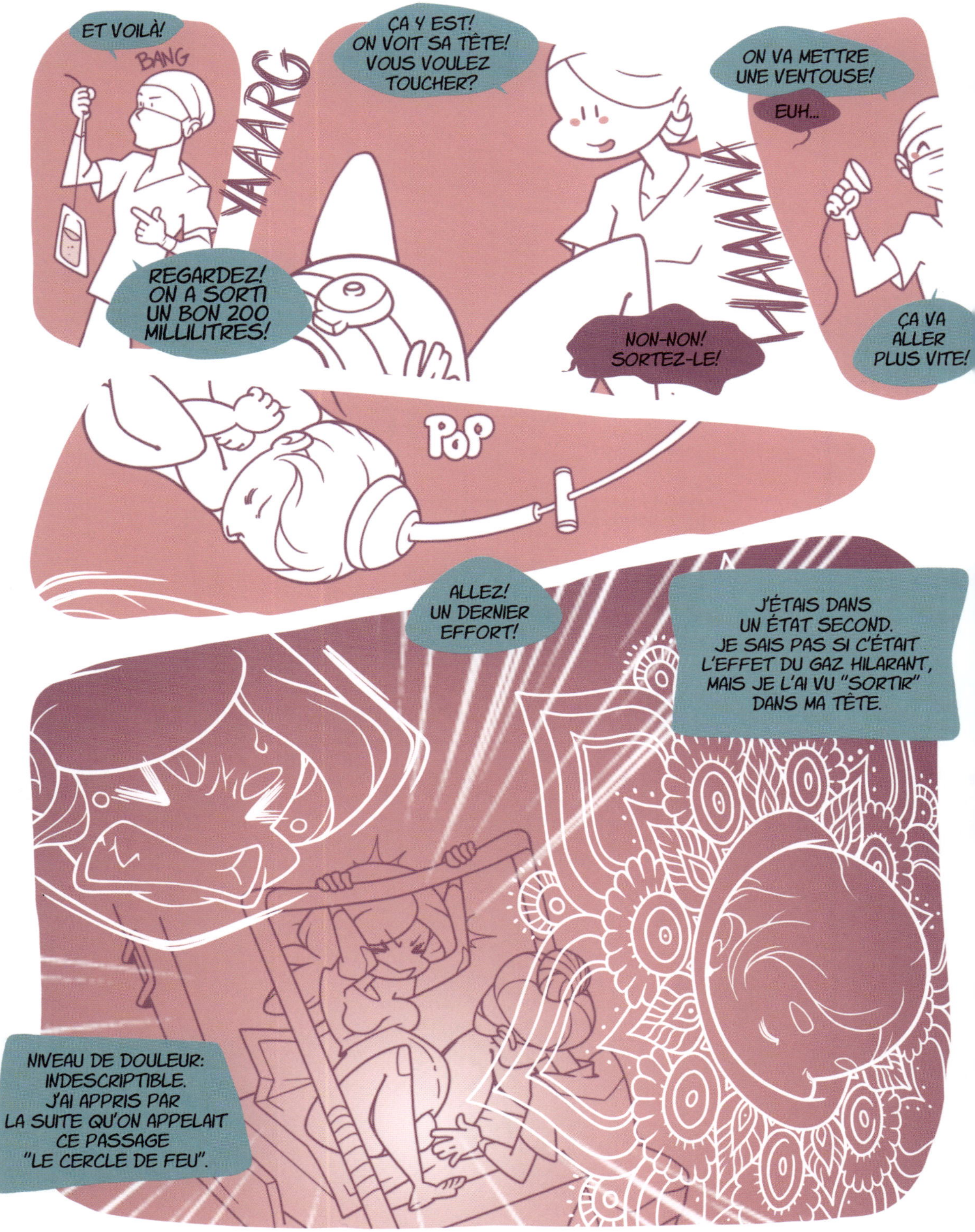
ET VOILÀ!
BANG
REGARDEZ! ON A SORTI UN BON 200 MILLILITRES!
YAAARG
ÇA Y EST! ON VOIT SA TÊTE! VOUS VOULEZ TOUCHER?
NON-NON! SORTEZ-LE!
HAAAAA
ON VA METTRE UNE VENTOUSE!
EUH...
ÇA VA ALLER PLUS VITE!
POP
ALLEZ! UN DERNIER EFFORT!
J'ÉTAIS DANS UN ÉTAT SECOND. JE SAIS PAS SI C'ÉTAIT L'EFFET DU GAZ HILARANT, MAIS JE L'AI VU "SORTIR" DANS MA TÊTE.
NIVEAU DE DOULEUR: INDESCRIPTIBLE. J'AI APPRIS PAR LA SUITE QU'ON APPELAIT CE PASSAGE "LE CERCLE DE FEU".

*POUR QUE BÉBÉ PUISSE FINIR D'ABSORBER TRANQUILLEMENT TOUS LES ÉLÉMENTS NUTRITIFS CONTENUS DANS LE CORDON.

ON VA EXPULSER LE PLACENTA, MAINTENANT...
UNE DERNIÈRE POUSSÉE!
GNI!
SPLOUTCH
MERCI!
VOUS VOULEZ LE VOIR?
HMMM... NON, ÇA VA. MERCI!
VOUS AVEZ UN PEU DÉCHIRÉ.
JE VAIS VOUS FAIRE QUELQUES POINTS DE SUTURE.
IL S'EST DÉROULÉ PLUSIEURS MINUTES DANS LE SILENCE.
J'ÉTAIS ÉPUISÉE.
PUIS...
AH!
TOUS CEUX QUI M'ONT DIT QUE J'Y ARRIVERAIS PAS SANS PÉRIDURALE, QUE ÇA DURERAIT 3 JOURS, QU'IL SERAIT EN RETARD...
BAH ALLEZ TOUS VOUS FAIRE CENSURÉ
L'INFIRMÈRE A TENTÉ DE RETENIR UN FOU RIRE.
PFFFF

MON CORPS FAIT SOUVENT LES CHOSES DE MANIÈRE "EXCESSIVE".
DANS LES HEURES QUI ONT SUIVI, JE TREMBLAIS DANS TOUS LES SENS.
MAIS J'ÉTAIS AUSSI SUR UN "HIGH", JE ME SENTAIS BAIGNER DANS "L'AMOUR".
LES HORMONES, SANS DOUTE.
J'AI AIMÉ MON FILS DÈS LA PREMIÈRE SECONDE ET JE SUIS RETOMBÉE AMOUREUSE DE MON DOUDOU.
T'AS FAIT ÇA COMMME UNE CHEFFE!

AH OUI!
POUR CELLES QUI SE DEMANDENT SI J'AI FAIT CACA AU COURS DU PROCESSUS, LA RÉPONSE EST NON! J'AVAIS ÉVACUÉ LE MATIN. ÉTRANGEMENT, C'EST UNE INQUIÉTUDE QUI REVIENT SOUVENT CHEZ LES FEMMES ENCEINTES. MESDAMES, RASSUREZ-VOUS, LES ÉQUIPES MÉDICALES EN ONT VU D'AUTRES... ET, À CE STADE, CE QUI SORT DE VOTRE SPHINCTER AU MOMENT DE LA POUSSÉE, VOUS N'EN AUREZ PLUS RIEN À FAIRE. LA PUDEUR RESTE AU VESTIAIRE LE JOUR DE L'ACCOUCHEMENT ET LES SEMAINES SUIVANTES!

L'ENFER POST-PARTUM #1
AUTANT LA GROSSESSE ET L'ACCOUCHEMENT SE SONT DÉROULÉS AU MIEUX, AUTANT LE SÉJOUR POSTNATAL À L'HÔPITAL A ÉTÉ L'ENFER!
ÇA FAISAIT PAS 30 MINUTES QU'ON ÉTAIT INSTALLÉS DANS LA CHAMBRE, LORSQUE...
BONJOUR.
JE TREMBLAIS ENCORE.
JE VAIS LE PRENDRE POUR...
HAAAN !
MON PAUVRE BÉBÉ!
ÇA FAIT MÊME PAS 2 HEURES QUE T'ES SORTI ET ON VIENT DÉJÀ TE FAIRE CHIER! HA! HA!
...
C'ÉTAIT VRAIMENT PAS CONTRE ELLE. JE FAIS SOUVENT DES BLAGUES DÉCALÉES DANS LES SITUATIONS ÉMOTIONNELLEMENT ÉPROUVANTES. SUR LE MOMENT, JE ME SUIS TROUVÉE TRÈS DRÔLE.
VERS 1 H DU MATIN, ALORS QUE J'AVAIS FINI PAR M'ENDORMIR...
MADAME!
HUUU...

BREF, TOUT CE QU'IL FALLAIT POUR METTRE EN PLACE LES CHOSES SEREINEMENT...

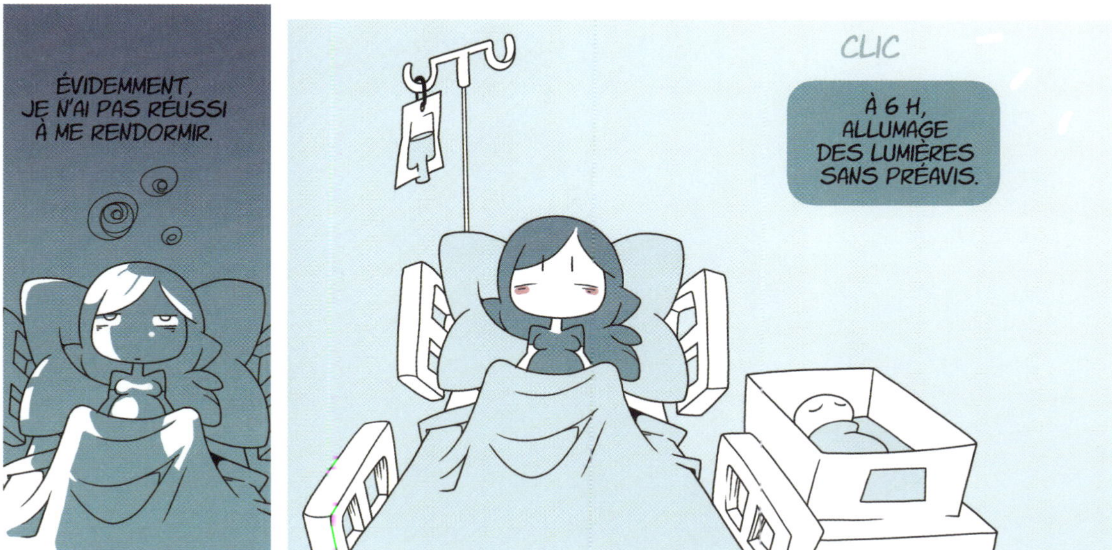

ON ÉTAIT DÉRANGÉS À PEU PRÈS TOUTES LES 2 HEURES. ON ENTRAIT SANS FRAPPER, PARFOIS MÊME SANS SE PRÉSENTER.
8 H
10 H
12 H
J'AVAIS BESOIN D'AIDE POUR L'ALLAITEMENT. LES INFIRMIÈRES ME BRIEFAIENT EN 7 MINUTES CHRONO. AUCUNE NE DISAIT LA MÊME CHOSE.
C'EST DUR POUR MOI DANS CETTE POSITION. MES BRAS SONT EN TENSION...
JE POURRAIS PAS AVOIR UN OU DEUX OREILLERS EN PLUS POUR MIEUX INSTALLER LE BÉBÉ?
NON! C'EST 4 PAR CHAMBRE MAX!
?!
HEU, OK... IL Y AURAIT DES COUSSINS D'ALLAITEMENT, ALORS?
NON.
HEUREUSEMENT, NOS ANGES GARDIENS ÉTAIENT LÀ...
SALAM!
COUSSIN D'ALLAITEMENT TOUT NEUF
KHALID
IMANE

ÇA ALLAIT MIEUX, MAIS ON AVAIT L'IMPRESSION QUE QUELQUE CHOSE N'ALLAIT TOUJOURS PAS.
ON A FINI PAR LUI DONNER DES GOUTTES DE COLOSTRUM AU DOIGT (C'EST LE LIQUIDE QUE LES SEINS PRODUISENT AVANT LE "VRAI" LAIT. C'EST TRÈS RICHE).
NUM
MAIS...
WAAAH!
WAAAH!
WAAAH!
JE VAIS APPELER UNE INFIRMIÈRE. C'EST PAS NORMAL!
BIP
BIP
BIP
OUI?
WAAAH!
WAAAH!
JE SAIS PAS CE QU'IL A... IL ARRÊTE PAS DE PLEURER...
FAITES VOIR.

WAAAH!
WAAAH!
WAAAH!
IL A FAIM, TON FILS.
C'EST QUI LE GROS CACA INCAPABLE DE FAIRE UN TRUC AUSSI PRIMITIF QU'ALLAITER?
FINISH HER
ÉCOUTE, J'ENCOURAGE PAS DU TOUT ÇA, MAIS PEUT-ÊTRE QU'ON POURRAIT LUI DONNER UN PEU DE LAIT MATERNISÉ JUSTE POUR LE CALMER.
O-OUI *HIC*
T'EN FAIS PAS, ON A UNE TECHNIQUE POUR LUI DONNER LA PRÉPARATION SANS PERTURBER LA MISE AU SEIN.
C'EST LE "SYSTÈME DE NUTRITION SUPPLÉMENTAIRE".
ON RAJOUTE LA PRÉPARATION SUBTILEMENT PAR L'INTERMÉDIAIRE D'UN PETIT TUBE PLACÉ À CÔTÉ DU TÉTON.
IL A L'AIR MIEUX... MERCI!
PROUT DE CONTENTEMENT

HONNÊTEMENT, JE PENSE QUE LES CHOSES AURAIENT PU MIEUX TOURNER SANS L'INTERVENTION DE L'INFIRMIÈRE DE NUIT.
PFFF!
7 H DU SOIR...
EST-CE QU'IL A ASSEZ MANGÉ ?
BAM
!!!
L'ACCOUCHEMENT EST UN ÉVÉNEMENT HEUREUX, MADAME!
!!!

ET POURQUOI IL EST ENCORE EN COUCHE?
BAH, PARCE QU'IL FAIT 25 DEGRÉS ET QU'IL RESTE EN PEAU À PEAU TOUT LE TEMPS...
VOUS NE POUVEZ PAS DORMIR AVEC LUI! C'EST PAS SÉCURITAIRE!
MAIS IL PEUT PAS TOMBER!
TIENS, PAPA!
J'AI LEVÉ TOUTES LES BARRIÈRES DU LIT ET AVEC LES OREILLERS...
C'EST INTERDIT DE LEVER LES BARRIÈRES COMME ÇA!
JE POUVAIS PAS SAVOIR!
CLAC
CLAC
QUAND EST-CE QU'ON PART?!
BAM
...

LE LENDEMAIN, J'AI REÇU
MON AUTORISATION DE SORTIE.
UN VRAI SOULAGEMENT.
JE N'EN POUVAIS PLUS DE L'INFIRMIÈRE DE NUIT,
DU RYTHME DU SERVICE, DU BRUIT.
EN 3 JOURS, JE N'AVAIS DORMI QUE QUELQUES HEURES...

EN PARTANT, J'AI REMERCIÉ LES DEUX INFIRMIÈRES
QUI AVAIENT PRIS LE TEMPS AVEC MOI, QUI AVAIENT
SENTI MA DÉTRESSE, QUI ONT EU DE L'EMPATHIE.
CES MOMENTS ONT ÉTÉ PRÉCIEUX.

À TOUTES LES INFIRMIÈRES QUI SE RECONNAISSENT: MERCI!

VOUS FAITES VRAIMENT UNE DIFFÉRENCE
DANS LA VIE DES NOUVEAUX PARENTS
EN SITUATION DE VULNÉRABILITÉ.

ALLEZ! À LA MAISON!

ATTENDS, IL FAUT PASSER À LA PHARMARCIE...
MERDE...
EN PLUS, ILS NOUS ONT PAS RENDU MA CARTE D'ASSURANCE MALADIE!

FINALEMENT...
HOME SWEET HOME

*SAVIEZ-VOUS QU'UN NOUVEAU-NÉ PEUT PERDRE JUSQU'À 12 % DE SON POIDS DANS LES JOURS SUIVANT LA NAISSANCE? C'EST NORMAL, MAIS ON DOIT LE SURVEILLER POUR S'ASSURER QU'IL REPREND BIEN LES GRAMMES PERDUS.

METTEZ-LE COMME ÇA PLUTÔT...
MAIS JE M'ÉTAIS HABITUÉE À L'AUTRE POSITION...

EN TOUT CAS... JE REPASSE DANS DEUX JOURS. APPELEZ-MOI SI VOUS AVEZ DES QUESTIONS!

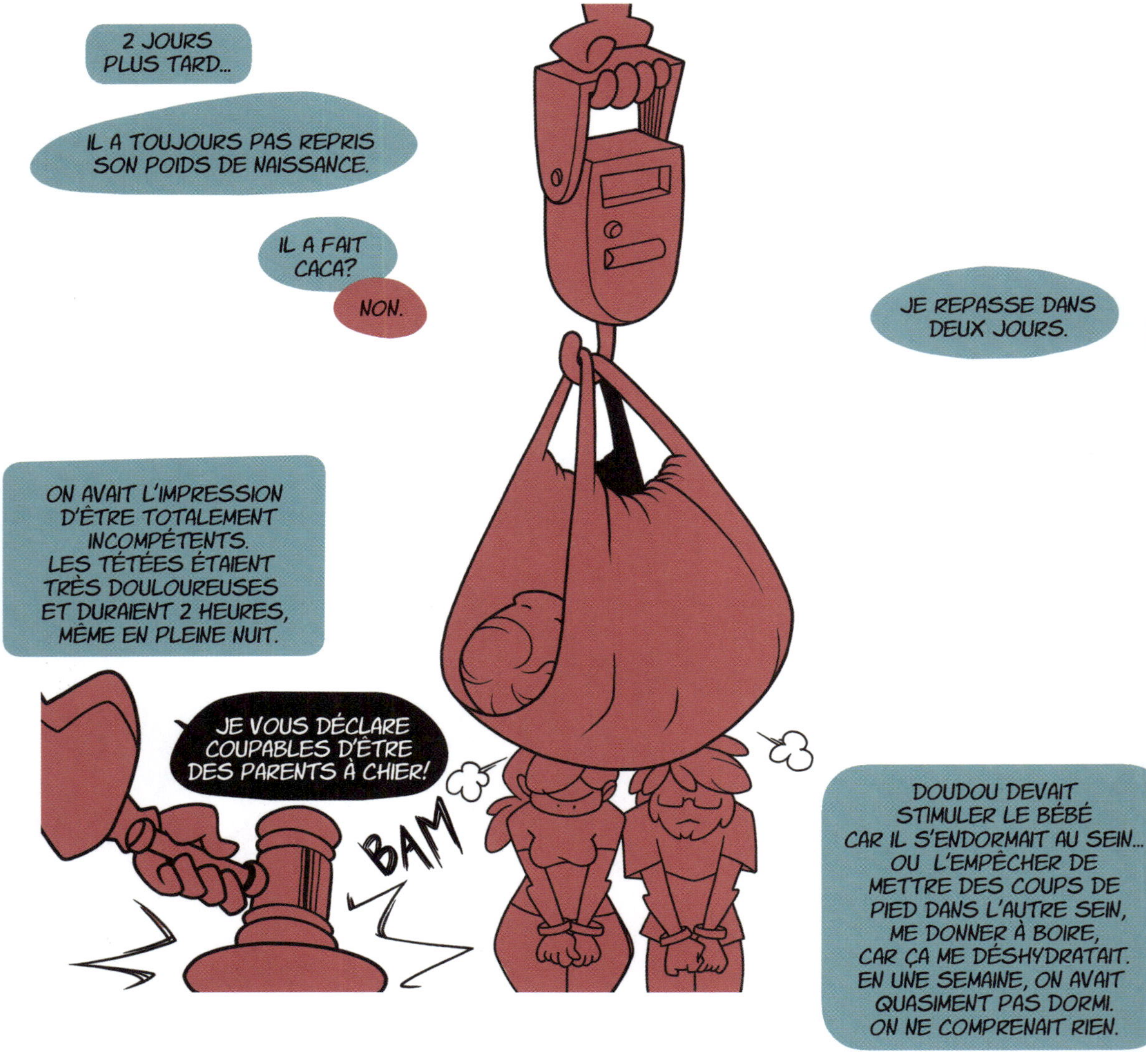
2 JOURS PLUS TARD...
IL A TOUJOURS PAS REPRIS SON POIDS DE NAISSANCE.
IL A FAIT CACA?
NON.
JE REPASSE DANS DEUX JOURS.
ON AVAIT L'IMPRESSION D'ÊTRE TOTALEMENT INCOMPÉTENTS. LES TÉTÉES ÉTAIENT TRÈS DOULOUREUSES ET DURAIENT 2 HEURES, MÊME EN PLEINE NUIT.
JE VOUS DÉCLARE COUPABLES D'ÊTRE DES PARENTS À CHIER!
BAM
DOUDOU DEVAIT STIMULER LE BÉBÉ CAR IL S'ENDORMAIT AU SEIN... OU L'EMPÊCHER DE METTRE DES COUPS DE PIED DANS L'AUTRE SEIN, ME DONNER À BOIRE, CAR ÇA ME DÉSHYDRATAIT. EN UNE SEMAINE, ON AVAIT QUASIMENT PAS DORMI. ON NE COMPRENAIT RIEN.

2 JOURS PLUS TARD...
JE REVIENS LUNDI... S'IL N'A PAS REPRIS SON POIDS, JE VOUS RENVOIE À L'HÔPITAL.
ANGOISSE ULTIME!
SORTEZ PRENDRE L'AIR. DÉTENDEZ-VOUS UN PEU.
OUI, PARCE QUE ÇA SE DÉCRÈTE, C'EST BIEN CONNU.
À LUNDI!
CLAC
DOUDOU...
... VA ME CHERCHER...
... LE TIRE-LAIT!
PARMI TOUS LES TRUCS QUE MES COPINES MAMANS M'AVAIENT LÉGUÉS... IL Y AVAIT...
LE TIRE-LAIT MANUEL!
CECI N'EST PAS UN PLACEMENT DE PRODUIT.
RECOMMANDÉ PAR LES MAMANS QUI VEULENT ALLAITER, MAIS QUI GALÈRENT.

TU VAS VOIR SI JE VAIS PAS RÉUSSIR À NOURRIR MON FILS!!! GNIII!!!
PUSH PUSH PUSH PUSH PUSH PUSH PUSH PUSH PUSH PUSH PUSH PUSH PUSH PUSH
TIENS!
BRAVO!
REMPLI EN 7 MINUTES.
BON. C'EST PAS L'IDÉAL, MAIS AU MOINS ON EST SÛRS DE CE QU'IL MANGE. L'IMPORTANT, C'EST QU'IL BOIVE MON LAIT.
NUM NUM NUM
ALORS, JE VAIS POMPER, TU VAS DONNER LE BIBERON. ÇA SERA PLUS FACILE POUR TOUT LE MONDE.
AVEC LE BIBERON, LES TÉTÉES SONT PASSÉES DE 2 HEURES À 15 MINUTES. ON A COMMENCÉ À SE DÉTENDRE. ET LE LENDEMAIN, ON A REÇU UN BEAU CADEAU EN RÉCOMPENSE!
CHAMPAGNE!
PREMIER CACA
CE QUI PEUT SEMBLER TOTALEMENT ANECDOTIQUE NOUS INDIQUAIT QUE LES INTESTINS DE BÉBÉ-CHOU FONCTIONNAIENT BIEN.

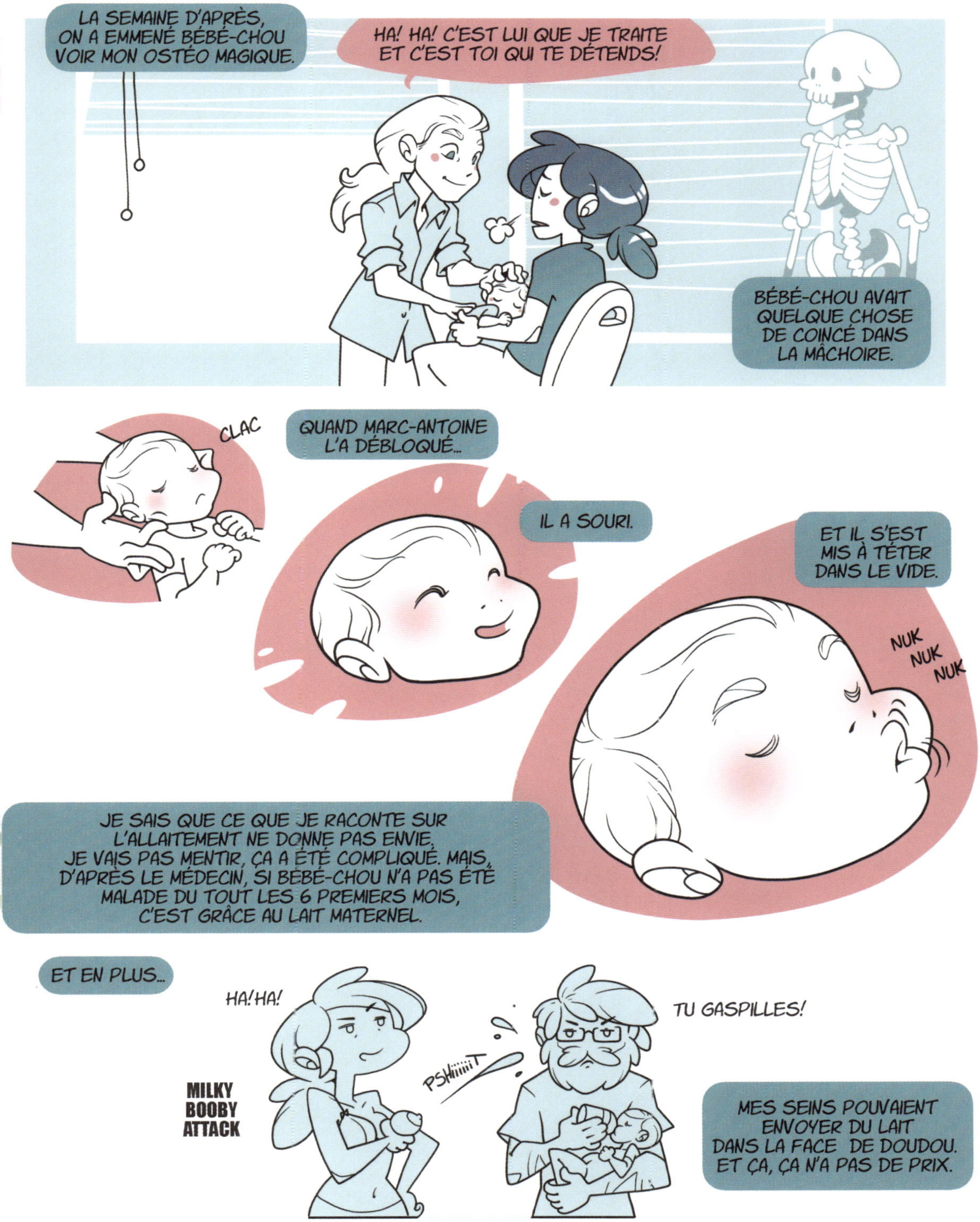

LA SEMAINE D'APRÈS, ON A EMMENÉ BÉBÉ-CHOU VOIR MON OSTÉO MAGIQUE.
HA! HA! C'EST LUI QUE JE TRAITE ET C'EST TOI QUI TE DÉTENDS!
BÉBÉ-CHOU AVAIT QUELQUE CHOSE DE COINCÉ DANS LA MÂCHOIRE.
CLAC
QUAND MARC-ANTOINE L'A DÉBLOQUÉ...
IL A SOURI.
ET IL S'EST MIS À TÉTER DANS LE VIDE.
NUK NUK NUK
JE SAIS QUE CE QUE JE RACONTE SUR L'ALLAITEMENT NE DONNE PAS ENVIE, JE VAIS PAS MENTIR, ÇA A ÉTÉ COMPLIQUÉ. MAIS, D'APRÈS LE MÉDECIN, SI BÉBÉ-CHOU N'A PAS ÉTÉ MALADE DU TOUT LES 6 PREMIERS MOIS, C'EST GRÂCE AU LAIT MATERNEL.
ET EN PLUS...
HA! HA!
MILKY BOOBY ATTACK
PSHiiiiiiT
TU GASPILLES!
MES SEINS POUVAIENT ENVOYER DU LAIT DANS LA FACE DE DOUDOU. ET ÇA, ÇA N'A PAS DE PRIX.

LE SYNDROME DU NID EN RETARD
C'EST PAS POSSIBLE! LES BIBERONS DE MON BÉBÉ NE SERONT PAS POSÉS SUR CE COMPTOIR DÉGUEULASSE!
CREVEZ, BANDE DE GERMES!
JE VOUS AURA TOUS JUSQU'AU DERNIER!!!
FROT
FROT
FROT
FROT
FROT
FROT
FROT
FROT
LE SYNDROME DU NID EST L'UN DES SIGNES QUI PEUVENT ANNONCER L'ARRIVÉE IMMINENTE DU BÉBÉ. LA FEMME ENCEINTE EST ALORS PRISE D'UNE IRRÉSISTIBLE ENVIE DE RANGER, DE FROTTER, DE RÉAMÉNAGER... MOI, J'AI ÉTÉ FRAPPÉE PAR LE SYNDROME 3 JOURS APRÈS MON ACCOUCHEMENT. DONC JE ME SUIS RETROUVÉE À RÉCURER MON APPARTEMENT EN COUCHES ET EN PLEINE CANICULE... UN SPECTACLE DE TOUTE BEAUTÉ. EN PLUS, DOUDOU AYANT ATTRAPÉ LA MORT À L'HÔPITAL, J'AI FAIT ÇA TOUTE SEULE AVEC MA PETITE HÉMORRAGIE...

## PAPY

MON GRAND-PÈRE MATERNEL EST DÉCÉDÉ UN MOIS APRÈS LA NAISSANCE DE MON FILS. VOICI UN EXTRAIT DE NOTRE DERNIÈRE CONVERSATION QUI A EU LIEU QUELQUES SEMAINES AVANT MON ACCOUCHEMENT.

EN MÉMOIRE DE PAPY ROLAND ET DE SON HUMOUR POTACHE

## YEAH!

CONSTATER QU'ON EST CAPABLE DE PRODUIRE UN ÊTRE HUMAIN.

ACCUEILLIR UN BEAU BÉBÉ D'AMOUR EN SANTÉ.

DÉCOUVRIR QUE SON DOUDOU EST UN PÈRE EXCEPTIONNEL, ET L'AIMER DEUX FOIS PLUS QU'AVANT.

AVOIR UN BÉBÉ CLAIR DANS SES DEMANDES (ET DES PARENTS À L'ÉCOUTE). RÉSULTAT: PEU DE PLEURS (ENVIRON 10/15 MINUTES PAR JOUR, CONTRE 3 HEURES EN MOYENNE).

## YARK!

MANQUER DE SOMMEIL JUSQU'À UN STADE CRITIQUE.

ENCAISSER UNE HAUSSE DE L'ANXIÉTÉ D'ENVIRON 2000% EN PLEINE FACE.

N'AVOIR AUCUNE AIDE DES PROCHES (OU PRESQUE) EN RAISON DE NOTRE CONDITION D'EXPATRIÉS.

ÊTRE CONFRONTÉE À LA MORT DE SON GRAND-PÈRE À DISTANCE UN MOIS APRÈS L'ACCOUCHEMENT.

DÉCOUVRIR LES JOIES DE LA DÉPRESSION POST-PARTUM.

JUSTEMENT, ALLONS, VOIR ÇA PLUS EN DÉTAIL.

VOICI COMMENT S'EST DÉCLENCHÉE MA PETITE DÉPRESSION POST-PARTUM, ON PARLE SOUVENT DU "BABY BLUES", QUI EST CENSÉ ÊTRE UNE VERSION "LÉGÈRE" DE CETTE DÉPRESSION. ON COMMENCE AUSSI À PARLER DE MATRESCENCE, UNE CRISE VENANT DE LA TRANSITION VERS LE STATUT DE MÈRE.

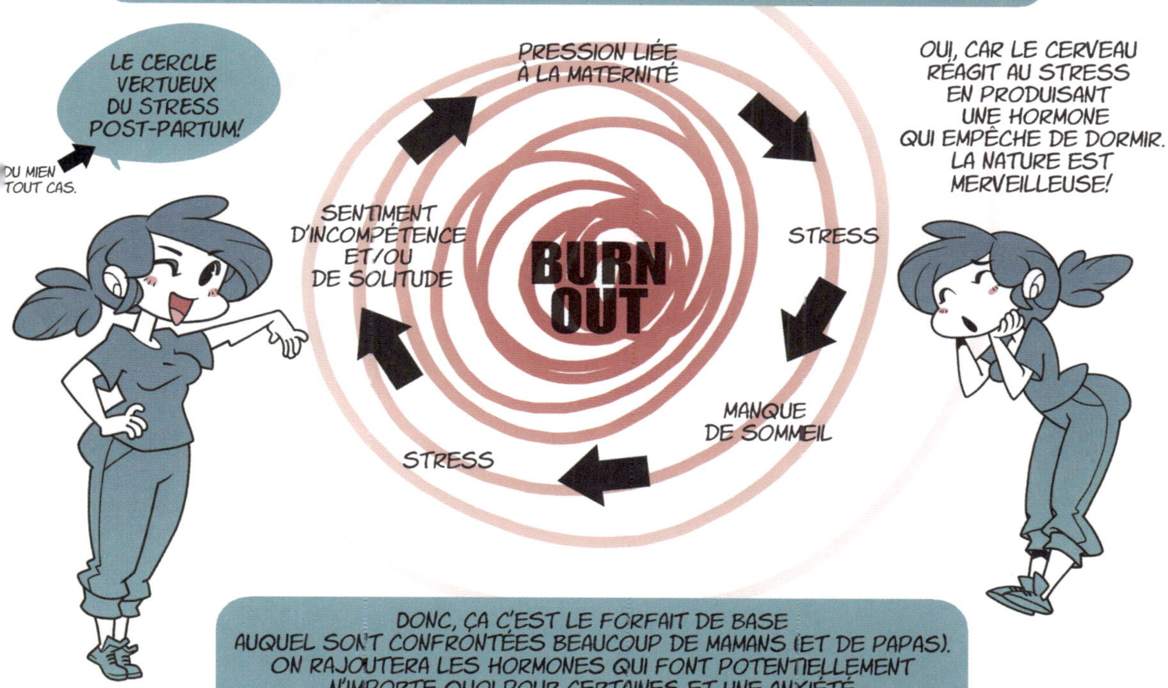


DONC, ÇA C'EST LE FORFAIT DE BASE AUQUEL SONT CONFRONTÉES BEAUCOUP DE MAMANS (ET DE PAPAS). ON RAJOUTERA LES HORMONES QUI FONT POTENTIELLEMENT N'IMPORTE QUOI POUR CERTAINES ET UNE ANXIÉTÉ TRÈS ÉLEVÉE POUR D'AUTRES CHANCEUSES (COMME MOI).

CELA DIT, JE PENSE QU'À LA BASE, QUAND NOUS ÉTIONS PLUS PRIMITIFS, CET ÉTAT ÉTAIT TOTALEMENT JUSTIFIÉ ET LOGIQUE. IL PERMETTAIT À LA FEMELLE VIVANT DANS LA NATURE DE RÉAGIR ASSEZ RAPIDEMENT POUR COMBLER LES BESOINS DU BÉBÉ OU FAIRE FACE À UN DANGER.

APRÈS LE CHAOS DES PREMIERS JOURS, ON A VÉCU UNE PÉRIODE PLUS PAISIBLE.
J'AI MÊME RÉUSSI À FAIRE DU CODODO (SÉCURITAIRE, ET OUI!).
À LA 3E SEMAINE…
LES GAZ SONT ARRIVÉS.
NOTRE PETITE BOULE D'AMOUR, QUI DORMAIT PAISIBLEMENT LA MAJORITÉ DU TEMPS, EST DEVENUE UN BÉBÉ QUI SOUFFRE ET QU'IL FAUT MASSER POUR LUI PERMETTRE DE DORMIR.
KRIK
ON S'EN SORTAIT MALGRÉ TOUT. MAIS MON NIVEAU D'ANXIÉTÉ DÉJÀ ÉLEVÉ A ENCORE MONTÉ D'UN CRAN. ÇA ME PRENAIT 2 HEURES POUR M'ENDORMIR ALORS QUE BÉBÉ SE RÉVEILLAIT TOUTES LES 3 HEURES POUR MANGER… APRÈS UN MOIS À CE RYTHME, NERVEUSEMENT, J'ÉTAIS À BOUT.
BLAM
À TEL POINT QUE QUAND JE ME COUCHAIS POUR ESSAYER DE RÉCUPÉRER, J'AVAIS DES SPASMES… DONC IMPOSSIBLE DE M'ENDORMIR DE TOUTE FAÇON.
ET COMME J'ALLAITAIS, IMPOSSIBLE DE PRENDRE LES SOMNIFÈRES QUE J'AVALAIS AVANT LA GROSSESSE. C'EST DANS CE CONTEXTE DE FATIGUE EXTRÊME QUE MON GRAND-PÈRE EST DÉCÉDÉ. IMPOSSIBLE DE RENTRER EN FRANCE POUR LES FUNÉRAILLES, AVEC LES CONSÉQUENCES PSYCHOLOGIQUES QUI VONT AVEC.

JE SENTAIS QUE J'ALLAIS CRAQUER... J'AVAIS PEUR DE DEVENIR FOLLE, DE PERDRE LE CONTRÔLE. J'AVAIS BESOIN DE SOUTIEN, MAIS IL N'Y AVAIT PERSONNE. DOUDOU DEVAIT S'OCCUPER DU BÉBÉ PENDANT QUE MOI, J'ALLAIS MAL. J'AI PRÉFÉRÉ ME METTRE EN RETRAIT UN MOMENT. JE ME SENTAIS NUISIBLE. C'EST TRÈS DIFFICILE DE SE DIRE "JE VEUX LE MEILLEUR POUR MON BÉBÉ, ET LE MEILLEUR, CE N'EST PAS MOI".
ON A PRIS DE NOUVELLES MESURES.
ÉCOUTE, DOUDOU... IL FAUT QUE JE ME REPOSE OU ÇA VA MAL FINIR. J'AI VRAIMENT BESOIN DE DORMIR!
JE VAIS ME LEVER POUR TIRER MON LAIT, MAIS JE VAIS DORMIR DANS LA CHAMBRE D'AMIS QUELQUE TEMPS...
DOUDOU EST QUELQU'UN DE CALME. ET IL A CETTE FACULTÉ DE S'ENDORMIR EN 2 MINUTES... CE QUI S'EST RÉVÉLÉ ÊTRE UN ATOUT CONSIDÉRABLE DANS CETTE SITUATION. JE PENSE QUE JE NE LE REMERCIERAI JAMAIS ASSEZ.
C'EST À CE MOMENT QUE LE MESSIE EST ARRIVÉ EN DIRECT DE L'AÉROPORT CHARLES DE GAULLE DE PARIS: MA VIEILLE POTE ASTOU.
SON VOYAGE ÉTAIT PRÉVU. ELLE DEVAIT ARRIVER POUR LA NAISSANCE. JE M'ÉTAIS DIT QU'UNE PRÉSENCE AMICALE ET COMPÉTENTE NE SERAIT PAS DE TROP, CAR ASTOU TRAVAILLE AVEC LES NOUVEAUX-NÉS.
ASTOOOU! C'EST DUUUUR! J'EN PEUX PLUUUUS!
ELLE EST RESTÉE 3 SEMAINES. ELLE NE S'EN REND PAS COMPTE, MAIS ELLE NOUS A SAUVÉ LA VIE.

## L'INSTINCT MATERNEL

CERTAINES MÈRES NE S'ATTACHENT PAS À LEUR ENFANT (OU DU MOINS PAS TOUT DE SUITE). C'EST TABOU, MAIS C'EST QUAND MÊME FACILE DE CONCEVOIR QU'APRÈS UN ACCOUCHEMENT TRAUMATIQUE, L'AMOUR MATERNEL N'ÉMANE PAS TOUT DE SUITE DE TA VULVE BOURSOUFLÉE ET DÉCHIRÉE...

JE NE SAVAIS PAS COMMENT ARGUMENTER AVEC MON AMI KHALID, C'ÉTAIT TELLEMENT ANCRÉ DANS SA VISION DE LA VIE. JUSQU'À CE QUE JE TOMBE SUR CE DOCUMENTAIRE ANIMALIER DE LA BBC, "THE LIFE OF BIRDS, THE PROBLEM OF PARENTHOOD", DANS LEQUEL ON PEUT OBSERVER QUELQUES SPÉCIMENS 100 % NATURELS DE "MAUVAIS PARENTS".

LA MÈRE EST AU BOUT DE SA VIE…
MAMAN! J'AI FAIM!
RÉSULTAT: ELLE PÈTE UN FLOMB SUR LA DEMANDE "DE TROP" ET FRAPPE SON PETIT.
CLAC
SOIT IL MEURT, SOIT IL A TROP PEUR POUR VENIR REDEMANDER À MANGER ET SE LAISSE MOURIR… MAIS LES AUTRES ONT COMPRIS LE MESSAGE.
ALORS QU'ON VIENNE PAS ME DIRE QUE L'AMOUR MATERNEL, C'EST NATUREL! IL N'Y A QU'À REGARDER CE DOCUMENTAIRE POUR S'EN RENDRE COMPTE (MÊME S'IL M'A TOTALEMENT TRAUMATISÉE).
À L'INVERSE, LA SOCIÉTÉ NOUS ABREUVE DU CLICHÉ DU GARS COMPLÈTEMENT INAPTE AVEC LES ENFANTS (CE QUI ÉNERVE BEAUCOUP DOUDOU).
BRAS
VAS-Y PAPA T'ES CAPABLE
JAMBES
POUR PREUVE, CETTE CHOSE SUR LAQUELLE ON EST TOMBÉS QUAND J'ÉTAIS ENCEINTE. MESSAGE: UN HOMME, C'EST BIEN TROP CON POUR ENFILER UN BODY À UN BÉBÉ… BELLE DÉMARCHE DE VALORISATION DU RÔLE DU PÈRE DANS LA FAMILLE! ET JE VEUX PAS ENTENDRE: "ON NE PEUT PLUS RIEN DIRE!"
BRAVO

MAMAN-LOUVE
ablablabla... ah bon ! ...eux juste allaiter 6 mois ? bla bla bla...
bla bla bla... bla bla bla bla bla... bla bla bla... bla bla bla
... ma petite fille, on l'a médicamentée à 5 ans pour un TDAH parce qu'elle tapait sur les murs avec son épée en mousse...
... bla bla bla bla bla bla bla
Pourquoi vous le mettez pas dans un parc ?
... Laisse-le pleurer, il faut bien qu'il se fasse les cordes vocales...
... il a un début de tête plate... ... il faudrait lui mettre un casque...
RRRRRRR
RRRRRR
À L'INVERSE DE LA CANE, IL RESSORT CHEZ CERTAINES MAMANS UN INSTINCT DE PROTECTION TRÈS FORT POUR LE BÉBÉ. CE QUI, CONCRÈTEMENT, SE TRADUIT PAR L'ENVIE VISCÉRALE DE GRIFFER LA FACE DE CEUX QUI REPRÉSENTENT UNE "MENACE" (RÉELLE OU IMAGINAIRE) POUR L'ENFANT. QUE CE SOIT L'INFIRMIÈRE QUI LE FAIT PLEURER EN LE VACCINANT OU UNE PERSONNE QUI TIENT DES PROPOS EN TOTALE CONTRADICTION AVEC NOS VALEURS ÉDUCATIVES... ON DEVIENT UNE BÊTE QUI GROGNE À L'INTÉRIEUR (ET PARFOIS À L'EXTÉRIEUR AUSSI). ON DEVIENT... MAMAN-LOUVE.

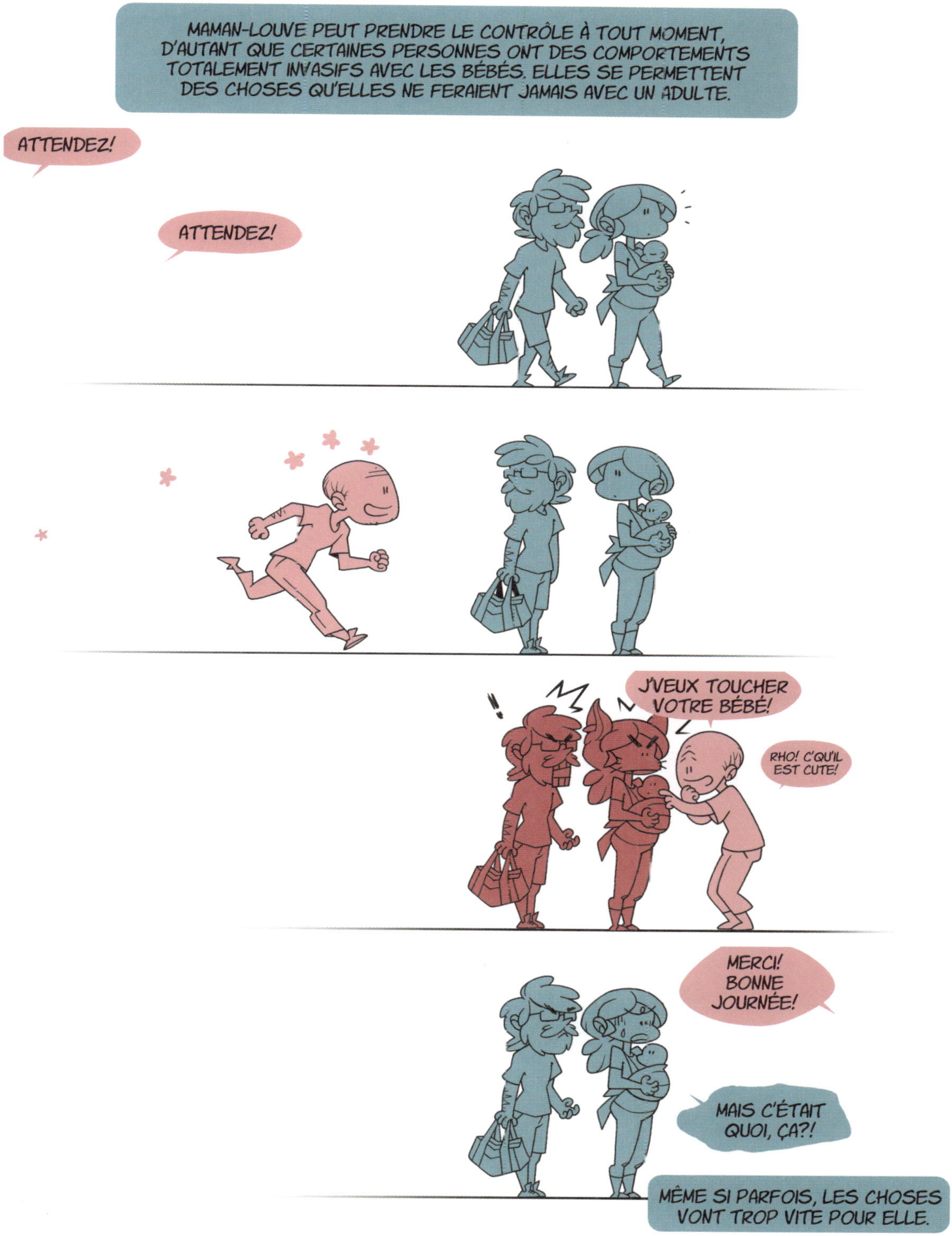
MAMAN-LOUVE PEUT PRENDRE LE CONTRÔLE À TOUT MOMENT, D'AUTANT QUE CERTAINES PERSONNES ONT DES COMPORTEMENTS TOTALEMENT INVASIFS AVEC LES BÉBÉS. ELLES SE PERMETTENT DES CHOSES QU'ELLES NE FERAIENT JAMAIS AVEC UN ADULTE.
ATTENDEZ!
ATTENDEZ!
J'VEUX TOUCHER VOTRE BÉBÉ!
RHO! C'QU'IL EST CUTE!
MERCI! BONNE JOURNÉE!
MAIS C'ÉTAIT QUOI, ÇA?!
MÊME SI PARFOIS, LES CHOSES VONT TROP VITE POUR ELLE.

VOICI UNE SITUATION OÙ L'ON PEUT OBSERVER MAMAN-LOUVE EN ACTION:
JE VAIS À LA BANQUE CHERCHER DE L'ARGENT POUR PAYER L'OSTÉO, ET JE VOUS REJOINS.
C'EST UN PLAISIR DE VOUS SERVIR.
REPRENEZ UN PEU DE BAKLAVAS!
$
WAAAH
WAAAH
ARRIVÉE DANS LE CABINET: C'EST LE DRAME.
BÉBÉ-CHOU AVAIT UN DÉBUT DE TÊTE PLATE, ET LA MANIPULATION SUR SA BOÎTE CRÂNIENNE AVAIT L'AIR FORTEMENT DÉSAGRÉABLE.
MARC-ANTOINE... T'EN ES OÙ DANS LE PROCESSUS EN TERMES DE POURCENTAGE, LÀ?!
HSSS
EUH... JE DIRAIS À 30 % ENVIRON.
RRRR
OK! JE PARS ET JE REVIENS DANS 30 MINUTES... SINON JE PENSE QUE JE VAIS VOUS FRAPPER TOUS LES DEUX!
Hiiiiiiissssss

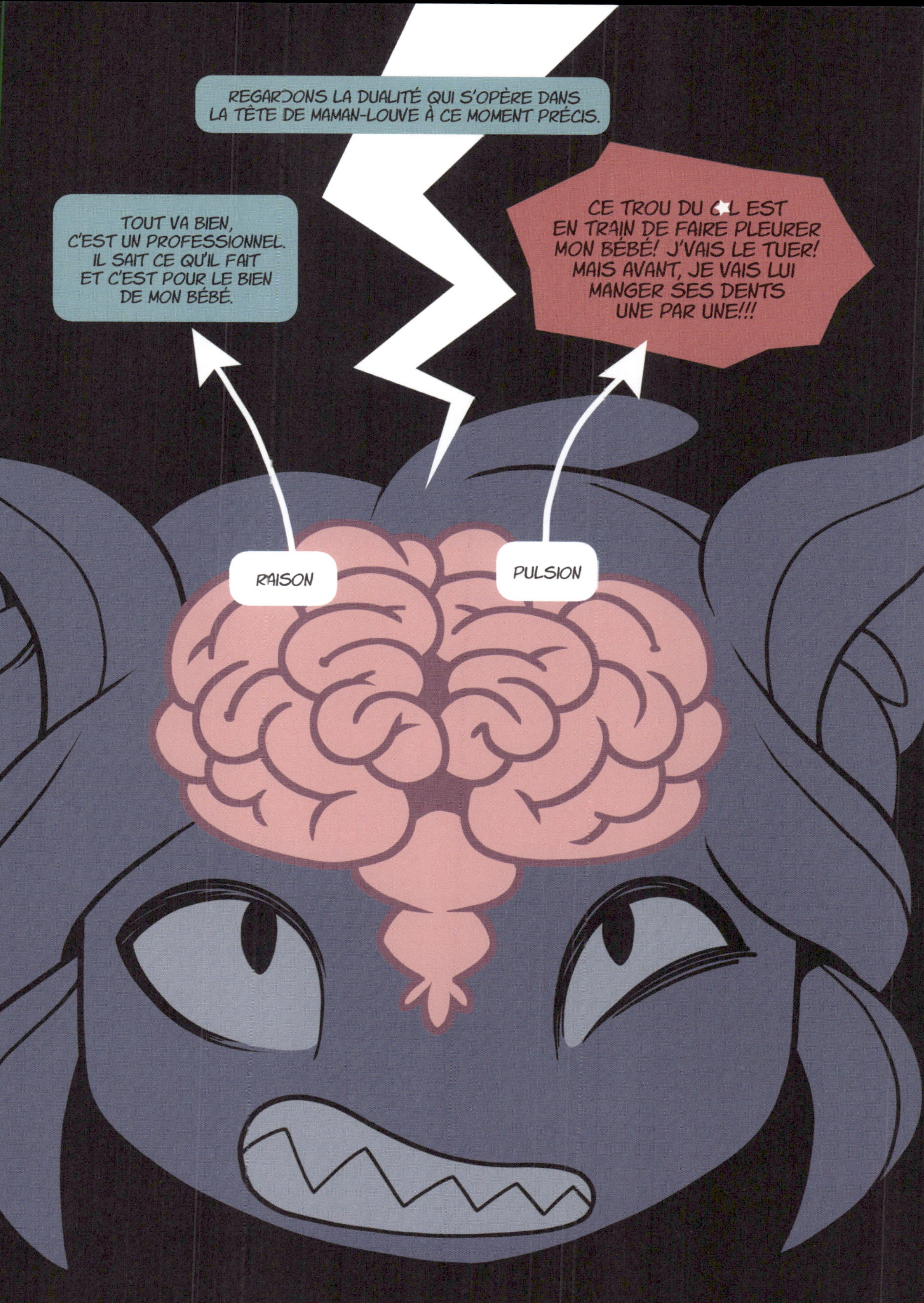
REGARDONS LA DUALITÉ QUI S'OPÈRE DANS LA TÊTE DE MAMAN-LOUVE À CE MOMENT PRÉCIS.
TOUT VA BIEN, C'EST UN PROFESSIONNEL. IL SAIT CE QU'IL FAIT ET C'EST POUR LE BIEN DE MON BÉBÉ.
CE TROU DU C*L EST EN TRAIN DE FAIRE PLEURER MON BÉBÉ! J'VAIS LE TUER! MAIS AVANT, JE VAIS LUI MANGER SES DENTS UNE PAR UNE!!!
RAISON
PULSION

AUTRE CAS DE FIGURE: LA RÉACTION AUX PREMIERS VACCINS
MAMAN EN PANIQUE
WAAAAAAA
VAL...
WAAAAAAA
WAAAAAAH
WAAAAAAA
WAAAAAAAA
C'ÉTAIT LA PREMIÈRE FOIS QU'IL PLEURAIT VRAIMENT.
T'APPROCHE PAS!!!
ON POURRAIT LUI DONNER DU TEMPRA...
LAISSE-MOI ESSAYER!
CHALLENGE DU JOUR:
TEMPRA
DANS LA BOUCHE DE TON BÉBÉ QUI HURLE
ANTIDOULEUR
EN GÉRANT TA FEMME HYSTÉRIQUE, EN CRISE ELLE AUSSI.

LA LOUVE A TOTALEMENT PRIS POSSESSION DE MON CORPS.
BAH, C'EST ÇA METS-LUI DU LIQUIDE DANS LA BOUCHE PENDANT QU'IL HURLE !!!
TU VAS L'TUER !
MAÎTRISE DE SOI ABSOLUE.
20 MINUTES CHRONO PLUS TARD*...
ZZZzz
VAL... ÇA AIDE PAS DU TOUT CE QUE TU FAIS... TU T'EN RENDS COMPTE?
OUI... PARDON... PARDON...
*LE TEMPS QUE LE TEMPRA AGISSE.
ET C'EST QUI L'HOMME DE L'ANNÉE?

PARENTS SANS JUGEMENT
ÊTRE PARENTS, LES PREMIERS TEMPS, C'EST ÊTRE PERPÉTUELLEMENT DANS LE JUGEMENT. LES AUTRES NOUS JUGENT, ON JUGE LES AUTRES ET, LE PIRE: ON SE JUGE SOI-MÊME SANS POUVOIR S'EN EMPÊCHER.

JE PENSE QUE LE PHÉNOMÈNE VIENT DU FAIT QU'EN TANT QUE NOUVEAUX PARENTS, ON SE DONNE À FOND ET ON PENSE QU'ON PREND LES MEILLEURES DÉCISIONS POUR NOTRE BÉBÉ.
ALORS, FORCÉMENT, QUAND ON CROISE D'AUTRES PARENTS QUI NE FONT PAS COMME NOUS...
PFF! REGARDE LÀ-BAS!
GROS JUGEMENT
VRAIMENT N'IMPORTE QUOI!
CE QUI EXPLIQUE POURQUOI LES NOUVEAUX PARENTS PEUVENT SE SENTIR "AGRESSÉS" PAR CERTAINS COMMENTAIRES DE LEUR ENTOURAGE.
PRISE DE CONSCIENCE
DOUDOU! SI ON LES JUGE...
ÇA VEUT DIRE QU'ILS NOUS JUGENT AUSSI!
EN EFFET, POUR CERTAINS TRUCS, ON DEVAIT PASSER POUR LES BOBOS DE SERVICE.
NOM
NOM
DA! DA!
SURTOUT AVEC MOI QUI FAISAIS LES PURÉES À LA BOUCHE.
BÉNÉFICES DE LA MÉTHODE: C'EST LUDIQUE, ÉCONOMIQUE, RAPIDE ET ÉCOLOGIQUE. VOUS PENSEZ QU'ILS FAISAIENT COMMENT AVANT L'INVENTION DU BABYCOOK?

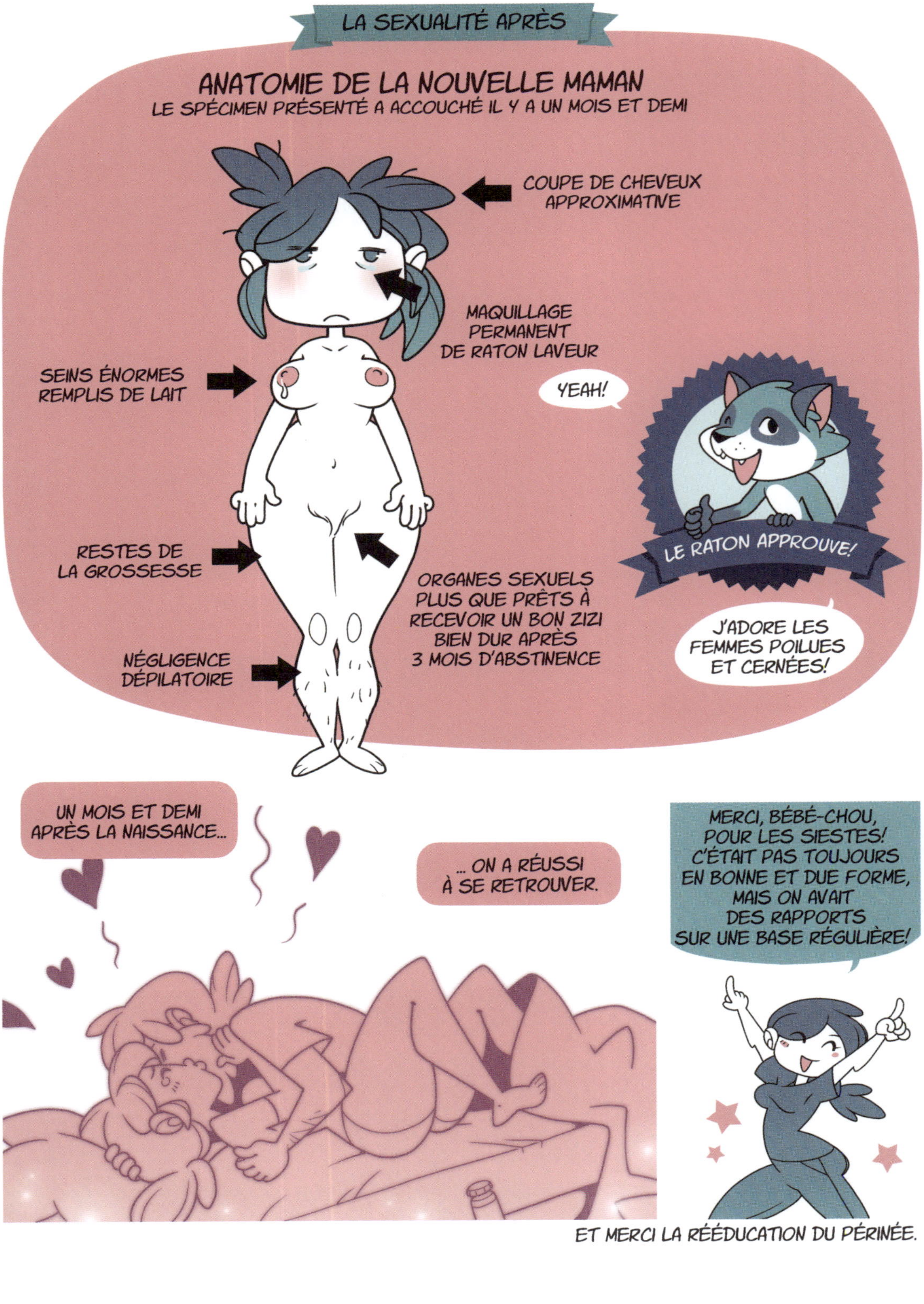

LA SEXUALITÉ APRÈS
ANATOMIE DE LA NOUVELLE MAMAN
LE SPÉCIMEN PRÉSENTÉ A ACCOUCHÉ IL Y A UN MOIS ET DEMI
COUPE DE CHEVEUX APPROXIMATIVE
MAQUILLAGE PERMANENT DE RATON LAVEUR
SEINS ÉNORMES REMPLIS DE LAIT
YEAH!
LE RATON APPROUVE!
RESTES DE LA GROSSESSE
ORGANES SEXUELS PLUS QUE PRÊTS À RECEVOIR UN BON ZIZI BIEN DUR APRÈS 3 MOIS D'ABSTINENCE
J'ADORE LES FEMMES POILUES ET CERNÉES!
NÉGLIGENCE DÉPILATOIRE
UN MOIS ET DEMI APRÈS LA NAISSANCE...
... ON A RÉUSSI À SE RETROUVER.
MERCI, BÉBÉ-CHOU, POUR LES SIESTES! C'ÉTAIT PAS TOUJOURS EN BONNE ET DUE FORME, MAIS ON AVAIT DES RAPPORTS SUR UNE BASE RÉGULIÈRE!
ET MERCI LA RÉÉDUCATION DU PÉRINÉE.

LA CÉRÉMONIE DE CITOYENNETÉ
CETTE ANNÉE-LÀ, J'AI PRIS DU GALON EN TANT QU'HUMAIN: JE SUIS DEVENUE MÈRE ET CITOYENNE CANADIENNE. QUELQUES MOIS AUPARAVANT, J'AVAIS RÉUSSI MON EXAMEN POUR OBTENIR LE STATUT DE CITOYENNE. J'ÉTAIS DONC UNE MAMA INTERNATIONALE!
VU VOTRE "ÉTAT", ON VA ESSAYER DE VOUS FAIRE PASSER RAPIDEMENT LA CÉRÉMONIE.
VOUS DEVRIEZ RECEVOIR LA CONVOCATION D'ICI 6 SEMAINES.
JUILLET
AOUT
SEPTEMBRE
OCTOBRE
TEST
DPA
DONC, ON AURAIT DÛ RECEVOIR LES CONVOCATIONS FIN AOÛT.
SAUF QUE LES JOURS PASSAIENT ET...
RIEN.
PUB.
WOW!
WOW!
FACTURES.
?
ET SANS CÉRÉMONIE, PAS DE CERTIFICAT NI DE PASSEPORT CANADIEN.

MI-AOÛT, JE ME SUIS DÉCIDÉE À APPELER L'IMMIGRATION POUR SAVOIR OÙ TOUT ÇA EN ÉTAIT.
BONJOUR, MONSIEUR! JE VOUS APPELLE PARCE QUE J'AI PASSÉ MON EXAMEN DE CITOYENNETÉ IL Y A PLUS DE 2 MOIS ET QUE JE N'AI TOUJOURS PAS REÇU MA CONVOCATION POUR LA CÉRÉMONIE.
IMMIGRATION
JE NE PEUX RIEN VOUS DIRE, MADAME.
C'EST-À-DIRE QUE JE SUIS ENCEINTE DE 7MOIS ET DEMI ET L'AGENTE QUE J'AI VUE LE JOUR DE L'EXAMEN M'AVAIT DIT QUE L'IMMIGRATION FERAIT EN SORTE DE ME FAIRE PASSER LA CÉRÉMONIE AVANT L'ACCOUCHEMENT.
ELLE A DIT QU'ELLE FERAIT SON POSSIBLE. QU'EST-CE QUI EST LE PLUS IMPORTANT? ACCOUCHER OU LA CÉRÉMONIE?
JE PEUX FAIRE LES DEUX EN MÊME TEMPS SI VOUS VOULEZ!
UN PRINCIPE CANADIEN EST CELUI DE L'ÉGALITÉ STRICTE. DONC, C'EST PAS PARCE QUE TU AS PERDU TON BOUCHON MUQUEUX QUE TU VAS PASSER AVANT LES AUTRES, MA COQUINE!
NYARK
VOUS MÉRITERIEZ QUE JE PERDE LES EAUX SUR VOTRE MOQUETTE LE JOUR DE LA CÉRÉMONIE. C'EST LA REINE QUI SERAIT FLATTÉE!
RÉPARTIE IMAGINAIRE
LES SEMAINES ONT CONTINUÉ DE PASSER... J'AI ACCOUCHÉ... ET UN JOUR...
AH, BAH! ÇA VA ÊTRE SYMPA...
Octobre
Novembre
Convocation: 18 Décembre
BÉBÉ AVAIT 2 MOIS.

LA PERSPECTIVE DE SORTIR PLUSIEURS HEURES AVEC LE BÉBÉ ET LE FROID QU'IL FAISAIT NE ME RÉJOUISSAIT PAS VRAIMENT.
DO IT FOR THE QUEEN!
TIENS!
JE SUIS TRÈS HEUREUSE DE CÉLÉBRER AVEC VOUS CE JOUR TOUT À FAIT SPÉCIAL...
C'ÉTAIT ÉMOUVANT... MAIS TRÈS LONG AVEC UN BÉBÉ. ON ÉTAIT STRESSÉS, CAR ON NE POUVAIT SORTIR SOUS AUCUN PRÉTEXTE, MÊME EN CAS DE DIARRHÉE EXPLOSIVE.
AU FINAL, BÉBÉ A DORMI QUASIMENT TOUT DU LONG...
... MALGRÉ LE HAUT-PARLEUR ET LES CHANTS.
Z
CAR ON CHANTE L'HYMNE NATIONNAL ET ON PRÊTE ALLÉGEANCE À LA REINE, SCRUTÉS PAR DES AGENTS DE L'IMMIGRATION QUI S'ASSURENT QU'ON SUIVE BIEN LA DÉMARCHE.
OOOH CANADAAAAA
TERREUH DE NOS AÏ
J'AI PLEURÉ. ON ÉTAIT CANADIENS. ENFIN.

"L'ALLAITEMENT FAIT MAIGRIR"
HA!HA!HA!HA!HA!
ce MENSONGE!
BAH, EN TOUT CAS, C'EST LOIN D'ÊTRE UNE VÉRITÉ GÉNÉRALE MÊME SI C'EST SOUVENT PRÉSENTÉ COMME TEL.
BILAN DES 3 MOIS POST-PARTUM CHEZ LE GYNÉCO
AVANCÉE PLEINE D'ESPOIR
BO: L'ODYSSÉE DE L'ESPACE
MAIS! J'AI JUSTE PERDU 3 KILOS!
DÉSILLUSION
ET VOUS SAVEZ POURQUOI?
L'ALLAITEMENT DONNE FAIM!!!
ET PERSONNE NE LE DIT!!!
PARCE QU'IL FAUT DE LA MATIÈRE PREMIÈRE POUR LE PRODUIRE, TON LITRE DE LAIT PAR JOUR...
DONC, J'AVAIS GROSSI DEPUIS L'ACCOUCHEMENT. (LE BÉBÉ SEUL PESAIT 3 KILOS.)
RÉSUMÉ DE MES JOURNÉES: MANGER-POMPER
The Num-Num Tour
7 H
GNUM GNUM
MIDI
GNUM
16 H
19 H
SLURP
MINUIT
GNUM
4 H

## REPRISE DU TRAVAIL... OU PAS!

LE QUÉBEC OFFRE AUX PARENTS DES CONGÉS TRÈS AVANTAGEUX LEUR PERMETTANT D'ACCUEILLIR AU MIEUX LEUR BÉBÉ. EN EFFET, LA MÈRE BÉNÉFICIE DE 18 SEMAINES, LE PÈRE DE 5 SEMAINES. ENSUITE, LES PARENTS PEUVENT SE PARTAGER 32 SEMAINES COMME ILS LE DÉSIRENT.

VOILÀ QUEL ÉTAIT NOTRE PLAN DE MATCH INITIAL:

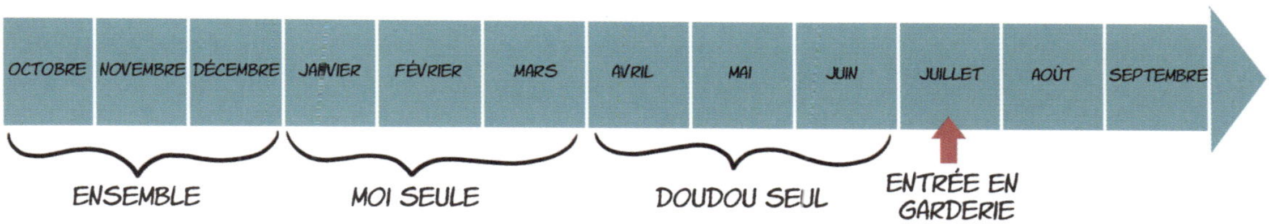

MÊME AVEC CES AMÉNAGEMENTS, JE NE ME SENTAIS PAS À MA PLACE.
JE NE SUIS PAS UNE FEMME D'INTÉRIEUR, ET CETTE ANNÉE-LÀ, L'HIVER A ÉTÉ ASSEZ DIFFICILE. JE NE SORTAIS QUASIMENT JAMAIS.
J'AVAIS L'IMPRESSION D'ÊTRE UNE MAUVAISE MÈRE... J'AVAIS UN BÉBÉ ADORABLE ET FACILE, MAIS J'ÉTAIS TROP ÉPUISÉE POUR EN PROFITER. J'AVAIS SOUVENT DES VERTIGES. J'AVAIS PEUR DE TOMBER AVEC LE BÉBÉ ET QUE PERSONNE NE SOIT LÀ.
DOUDOU... JE PENSE QUE J'AIMERAIS RETOURNER TRAVAILLER...
ARRIVÉE EN MARS, J'AI EU LA POSSIBILITÉ DE RETOURNER TRAVAILLER CHEZ UN ANCIEN CLIENT. DOUDOU ET MOI AVONS DONC DÉCIDÉ D'ÉCHANGER LES RÔLES.
LES PREMIERS JOURS, ÇA M'A FAIT UN BIEN FOU DE REVENIR DANS MA ZONE DE CONFORT.
MAIS ENSUITE, LA PRODUCTION EST DEVENUE DE PLUS EN PLUS STRESSANTE. BÉBÉ-CHOU A COMMENCÉ À FAIRE SES DENTS. JE NE REDORMAIS PLUS ASSEZ.
JE COURAIS TOUT LE TEMPS: JE ME LEVAIS TÔT LE MATIN POUR M'OCCUPER UN PEU DU BÉBÉ ET LAISSER DOUDOU DORMIR, JE COURAIS PENDANT LA JOURNÉE AU TRAVAIL, POUR ENFIN ME DÉPÊCHER DE RENTRER À LA MAISON, HISTOIRE DE LAISSER DOUDOU RESPIRER UN PEU.
MON ANXIÉTÉ EST REMONTÉE D'UN CRAN.
J'ÉTAIS CONSTAMMENT SUR LE FIL.
BURN OUT
BURN OUT

COMBO GAGNANT
STRESS
+
TIRER LE LAIT MANUELLEMENT
+
TERMINER UN PROJET DE BD UN MOIS ET DEMI APRÈS LA NAISSANCE (JE VOUS L'AVAIS CACHÉ)
+
PORTER BÉBÉ AU QUOTIDIEN
+
S'ÉPUISER SUR LA TABLETTE GRAPHIQUE
=
TENDINITE DES DEUX POIGNETS!!!
LA MORALE DE CETTE HISTOIRE: SI T'ÉCOUTES PAS TON CORPS, IL VA TE RAPPELER UN JOUR QUE C'EST LUI QUI AURA LE DERNIER MOT.
FORCÉMENT, CRAQUAGE EN RÈGLE UN MARDI MATIN, 3 MOIS APRÈS AVOIR ÉTÉ EMBAUCHÉE.
10 H
10 H 30
DÉMISSION
15 H MERCI-BONSOIR.
DÉSOLÉE, LES GARS.

## RENAISSANCE

LES SEMAINES QUI ONT SUIVI LA DÉMISSION SONT FLOUES.

J'AI DORMI.

J'AI MARCHÉ.

J'AI ACCOMPAGNÉ BÉBÉ-CHOU POUR SON INTÉGRATION À LA GARDERIE.

J'AI MONTÉ LE PROJET DE LIVRE QUE VOUS TENEZ ENTRE LES MAINS.

J'AI DORMI.

J'AI MARCHÉ.

J'AI DORMI.

DORMI.

PUIS, UN JOUR OÙ JE NAVIGUAIS PASSIVEMENT SUR UN RÉSEAU SOCIAL PLUS OU MOINS CONNU, JE SUIS TOMBÉE LÀ-DESSUS:
...
alon
embres
vénements
idéos
hotos
ichiers
ecommandations
éances vidéos
dans ce groupe
Céline B
3h
*RECHERCHE MAMANS POUR UNE ÉTUDE*
Vous avez observé chez vous les phénomènes suivants, les mois après la naissance de votre enfant:
- hausse du stress, de l'anxiété
- trouble du sommeil
- trouble de l'alimentation
- hypervigilance
- peur des pleurs du bébé
- difficultés d'adaptation
- culpabilité
- tristesse profonde
- impression de ne pas être "la mère qu'il lui faut"
Gigi
Ophélya
Jenny Z
Christin
Marie d
Swenne
"Notre équipe recherche des témoignages de mamans ayant connu ces difficultés pour identifier les besoins et monter des structures d'aide aux mères en situation de **détresse maternelle**."
"23 % des femmes sont concernées."
MADAME PRISE DE CONSCIENCE

LA "DÉTRESSE MATERNELLE", OU "DIFFICULTÉ MATERNELLE", EST UN CONCEPT PLUS LARGE QUE CELUI DE LA DÉPRESSION POST-PARTUM. IL PERMET D'ENGLOBER L'ENSEMBLE DES MANIFESTATIONS PHYSIQUES ET PSYCHOLOGIQUES QUI ONT DES CONSÉQUENCES SUR LA MÈRE ET SUR L'ENFANT.
LIBÉRATION!
EFFET IMMÉDIAT DE CE NOUVEAU SAVOIR
JE ME DOUTAIS BIEN QUE CE QUI M'ARRIVAIT DÉPASSAIT LE CADRE D'UN BABY BLUES "CLASSIQUE".
TU VOIS! T'ES MÊME PAS UN SI GROS CACA QUE ÇA!
LE SIMPLE FAIT DE VOIR MON ÉTAT DÉCRIT, POSÉ À PLAT, ME DONNAIT UNE FORME DE RECONNAISSANCE ET ME PERMETTAIT DE PRENDRE DE LA DISTANCE.
RETOUR DU BÂTON ÉMOTIONNEL: LA COLÈRE
MAIS, BORDEL! POURQUOI PERSONNE NE NOUS PRÉPARE À ÇA?!
QUE FAIT LA SOCIÉTÉ?
C'EST ENCORE LA FAUTE AU PATRIARCAT, J'EN SUIS SÛRE!
J'AI ÉVIDEMMENT PARTICIPÉ AU GROUPE DE DISCUSSION. RENCONTRER DES FEMMES QUI AVAIENT TRAVERSÉ LES MÊMES DIFFICULTÉS QUE MOI ET PARTAGER AUTOUR DE NOTRE VÉCU M'A A PERMIS DE COMMENCER LE PROCESSUS DE GUÉRISON. TOI QUI LIS CES PAGES, SI TOUT CE QUE JE RACONTE TE PARLE, SACHE QUE DE L'AIDE EXISTE. POUR TOI ET POUR LES AUTRES.

RÉFLEXE COMPARATIF
C'EST QUASIMENT UN AUTOMATISME, L'ANNÉE QUI SUIT TON ACCOUCHEMENT, SI TU CROISES UNE AUTRE NOUVELLE MAMAN, VOICI CE QUI ARRIVE.
BLABLABLA MISE AU SEIN
BLABLABLA
SON VENTRE EST PLAT COMME SI RIEN NE S'ÉTAIT PASSÉ...
ELLE A PERDU TOUS SES KILOS DE GROSSESSE, ÇA ME DÉPRIME!
EN SURFACE
EN COULISSES
J'AI ÉTÉ COMPLEXÉE UN BON MOMENT. J'AI MIS PLUS D'UN AN À RETROUVER MON CORPS, SURTOUT AU NIVEAU DU VENTRE. J'AVAIS L'IMPRESSION D'ÊTRE BLOQUÉE À 4 MOIS DE GROSSESSE. J'ÉVITAIS DE REGARDER AUTRE CHOSE QUE MON VISAGE DANS LE MIROIR.
LE RESTE ALLAIT À PEU PRÈS: JE N'AI PAS EU LES SEINS ABÎMÉS, PAS EU DE VERGETURES NON PLUS (ASTUCE: HUILE D'AMANDE DOUCE APPLIQUÉE TOUS LES JOURS PENDANT LA GROSSESSE). MAIS JE ME SENTAIS MAL DANS CES NOUVELLES RONDEURS.
D'AUTANT PLUS QUE ÇA FAISAIT JUSTE QUELQUES ANNÉES QUE J'AIMAIS MON CORPS.

LE PAROXYSME A ÉTÉ ATTEINT LE JOUR OÙ J'AI DÉJEUNÉ AVEC SARAH.
ELLE ÉTAIT MAMAN DEPUIS UN AN ET AVAIT REPRIS LE TRAVAIL DEPUIS PEU. ET, UN JOUR OÙ LE TIMING ÉTAIT BON AVEC BÉBÉ, J'AI DÉCIDÉ DE LA REJOINDRE POUR MIDI.
JE SUIS BIEN SÛR ARRIVÉE BEAUCOUP TROP EN AVANCE.
J'AI EU LE TEMPS DE FAIRE MANGER BÉBÉ.
ET DE ME FAIRE RÉGURGITER DESSUS.
TAP TAP
BURP
QUAND SARAH EST ARRIVÉE, J'ÉTAIS PAS VRAIMENT AU TOP DU GLAMOUR.
MERDE!
HELLO!
ELLE AVAIT LÂCHÉ SES CHEVEUX DE POULICHE, ELLE ÉTAIT LOOKÉE ET AVAIT REPRIS LE SPORT: BREF, ELLE ÉTAIT RESPLENDISSANTE!
WOW ! TU T'ES BIEN REMISE DE LA GROSSESSE!
TU PEUX BRILLER UN PEU MOINS FORT?

## LA RÉHABILITATION DU PÈRE

ALORS OUI, IL Y A UNE PARTIE "BIOLOGIQUE" QUI INCOMBE À LA MÈRE (PRODUIRE LE BÉBÉ, PRODUIRE LE LAIT POUR CELLES QUI LE VEULENT). LE RESTE EST TOTALEMENT AMÉNAGEABLE ET L'HOMME A SA PLACE LÀ-DEDANS.

VU MON ÉTAT, LES PREMIÈRES SEMAINES APRÈS LA NAISSANCE, C'EST ESSENTIELLEMENT DOUDOU QUI S'EST OCCUPÉ DE BÉBÉ-CHOU. ET PENDANT CETTE PÉRIODE, JE N'AI PAS HONTE DE LE DIRE, IL A ÉTÉ UNE MEILLEURE MÈRE QUE MOI.

CHEZ LE PÉDIATRE:
JE VAIS FAIRE UNE PETITE ORDONNANCE À VOTRE FILS, MADAME.

À LA GARDERIE POUR LA JOURNÉE D'INTÉGRATION:
VOICI LES AUTORISATIONS À SIGNER ET À NOUS RAPPORTER.
C'EST SYSTÉMATIQUEMENT À LA MÈRE QUE L'ON S'ADRESSE.

S'IL Y A UN PROBLÈME À LA GARDERIE, 9 FOIS SUR 10, C'EST MOI QU'ON APPELLE.
RÉSULTAT:
PRESSION SUR LA MÈRE
MISE À L'ÉCART DU PÈRE

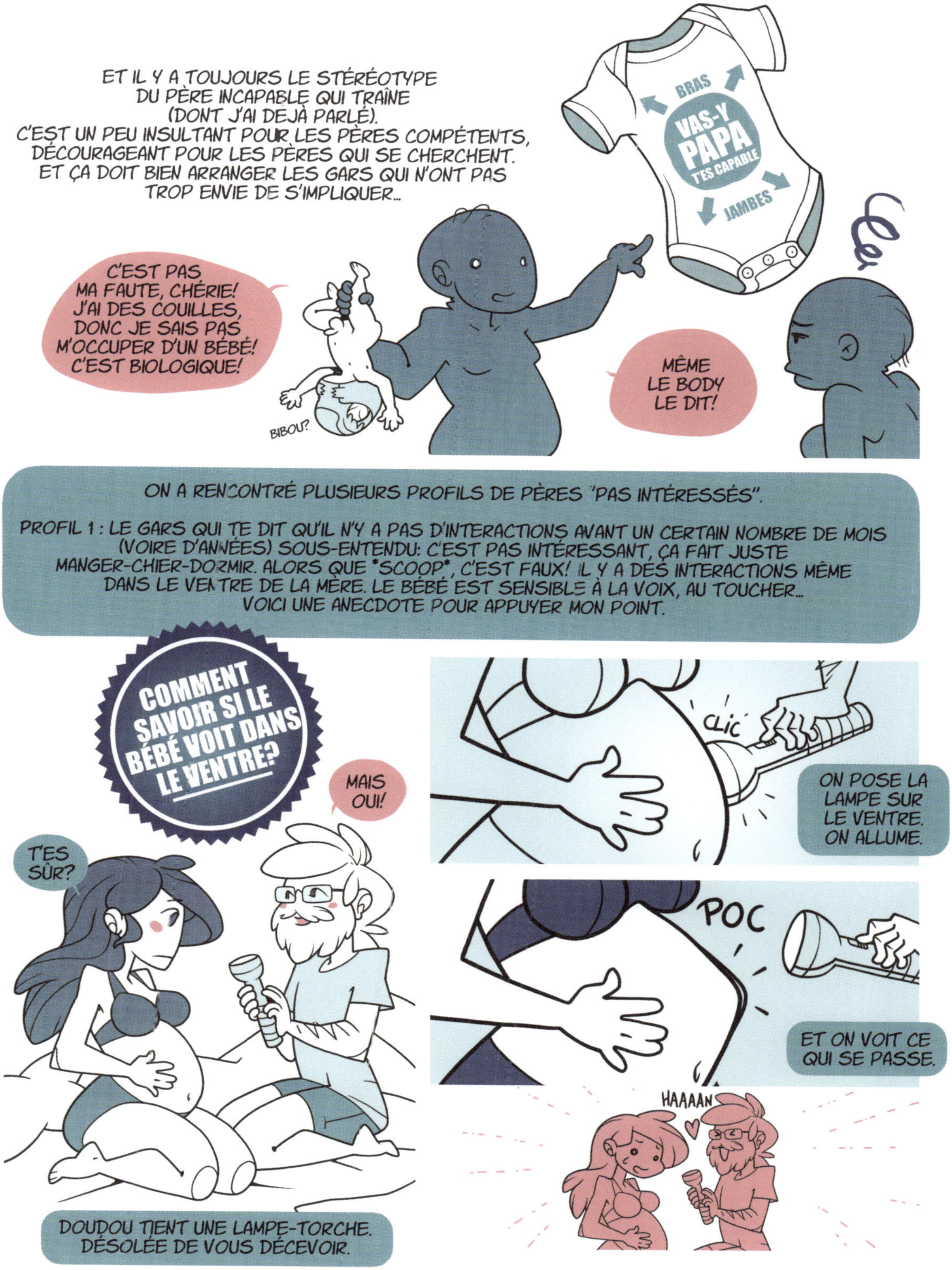
ET IL Y A TOUJOURS LE STÉRÉOTYPE DU PÈRE INCAPABLE QUI TRAÎNE (DONT J'AI DÉJÀ PARLÉ). C'EST UN PEU INSULTANT POUR LES PÈRES COMPÉTENTS, DÉCOURAGEANT POUR LES PÈRES QUI SE CHERCHENT. ET ÇA DOIT BIEN ARRANGER LES GARS QUI N'ONT PAS TROP ENVIE DE S'IMPLIQUER…
C'EST PAS MA FAUTE, CHÉRIE! J'AI DES COUILLES, DONC JE SAIS PAS M'OCCUPER D'UN BÉBÉ! C'EST BIOLOGIQUE!
BIBOU?
BRAS
VAS-Y PAPA T'ES CAPABLE
JAMBES
MÊME LE BODY LE DIT!
ON A RENCONTRÉ PLUSIEURS PROFILS DE PÈRES "PAS INTÉRESSÉS".
PROFIL 1 : LE GARS QUI TE DIT QU'IL N'Y A PAS D'INTERACTIONS AVANT UN CERTAIN NOMBRE DE MOIS (VOIRE D'ANNÉES) SOUS-ENTENDU: C'EST PAS INTÉRESSANT, ÇA FAIT JUSTE MANGER-CHIER-DORMIR. ALORS QUE *SCOOP*, C'EST FAUX! IL Y A DES INTERACTIONS MÊME DANS LE VENTRE DE LA MÈRE. LE BÉBÉ EST SENSIBLE À LA VOIX, AU TOUCHER… VOICI UNE ANECDOTE POUR APPUYER MON POINT.
COMMENT SAVOIR SI LE BÉBÉ VOIT DANS LE VENTRE?
MAIS OUI!
T'ES SÛR?
DOUDOU TIENT UNE LAMPE-TORCHE. DÉSOLÉE DE VOUS DÉCEVOIR.
CLIC
ON POSE LA LAMPE SUR LE VENTRE. ON ALLUME.
POC
ET ON VOIT CE QUI SE PASSE.
HAAAAN

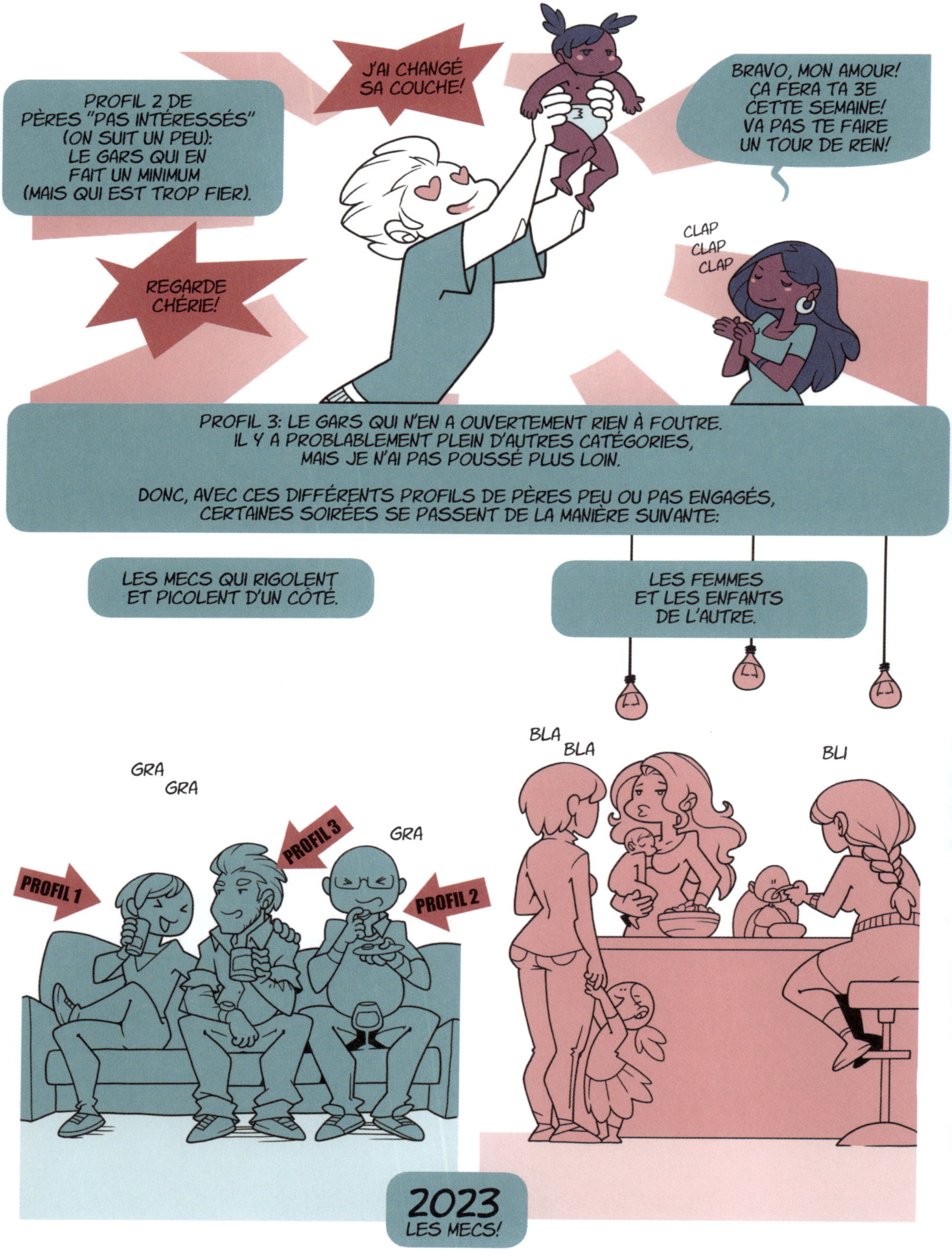
PROFIL 2 DE PÈRES "PAS INTÉRESSÉS" (ON SUIT UN PEU): LE GARS QUI EN FAIT UN MINIMUM (MAIS QUI EST TROP FIER).
J'AI CHANGÉ SA COUCHE!
REGARDE CHÉRIE!
BRAVO, MON AMOUR! ÇA FERA TA 3E CETTE SEMAINE! VA PAS TE FAIRE UN TOUR DE REIN!
CLAP CLAP CLAP
PROFIL 3: LE GARS QUI N'EN A OUVERTEMENT RIEN À FOUTRE. IL Y A PROBLABLEMENT PLEIN D'AUTRES CATÉGORIES, MAIS JE N'AI PAS POUSSÉ PLUS LOIN.
DONC, AVEC CES DIFFÉRENTS PROFILS DE PÈRES PEU OU PAS ENGAGÉS, CERTAINES SOIRÉES SE PASSENT DE LA MANIÈRE SUIVANTE:
LES MECS QUI RIGOLENT ET PICOLENT D'UN CÔTÉ.
LES FEMMES ET LES ENFANTS DE L'AUTRE.
GRA GRA
GRA
PROFIL 1
PROFIL 3
PROFIL 2
BLA BLA
BLI
2023
LES MECS!

CET ENFANT, ÇA A PRIS 2 PERSONNES POUR LE FAIRE. DONC, MESSIEURS, PRENEZ VOTRE PLACE ET CROYEZ-MOI: VOUS ÊTES CAPABLES!
YES, WE CAN*!
*OUI, ON PEUT!
LES CONSEILS DE DOUDOU:
- NE PAS AVOIR TROP D'ATTENTES;
- PRENDRE LES CHOSES AU JOUR LE JOUR;
- PROFITER DE CHAQUE INSTANT CAR ILS NE REVIENDRONT PAS.
AYEZ CONSCIENCE DE VOS FORCES ET DE VOS FAIBLESSES. TRAVAILLEZ EN ÉQUIPE AVEC VOTRE CONJOINT EN FONCTION DE ÇA. ET SAUTEZ DANS LE GRAND BAIN ENSEMBLE!
BIZOUX D'AMOUR!
FIN!

ÉPILOGUE
CETTE PREMIÈRE ANNÉE N'A PAS ÉTÉ FACILE, MAIS ON S'EN EST SORTIS!
SNIRFL
J'AI ÉTÉ POUSSÉE DANS MES RETRANCHEMENTS. JE N'AVAIS PLUS LE CHOIX, JE DEVAIS REGARDER LES CHOSES EN FACE.
1/ MON ANXIÉTÉ DEVAIT ÊTRE SOIGNÉE.
ET AU STADE OÙ J'EN ÉTAIS, J'AVAIS BESOIN DE MÉDICATION. J'AI EU BEAUCOUP DE RÉSISTANCE MAIS AUJOURD'HUI, JE DOIS L'ADMETTRE, ÇA M'A BEAUCOUP AIDÉE.
2/ MA VIE DEVAIT ÊTRE RÉORGANISÉE.
MES PRIORITÉS REVUES, JE DEVAIS PRENDRE SOIN DE MOI POUR ÊTRE AU MIEUX AVEC LE BÉBÉ. LE CONSTAT ÉTAIT SIMPLE: SI C'EST TOXIQUE POUR MOI, C'EST TOXIQUE POUR MON BÉBÉ, DONC ÇA DOIT CHANGER. RAPIDEMENT.

EST-CE SEULEMENT POSSIBLE DE PRÉPARER LES PARENTS
AUX BOULEVERSEMENTS QUE REPRÉSENTE L'ARRIVÉE D'UN ENFANT?

ON EST BRIEFÉS DANS LES GRANDES LIGNES. ON SE PROJETTE,
ON FANTASME... ET QUAND LA RÉALITÉ ARRIVE, ÇA PEUT ÊTRE UN CHOC.

DANS NOTRE CAS, QUASIMENT TOUTES LES INFORMATIONS REÇUES
AVANT L'ACCOUCHEMENT FOCALISAIENT
SUR LE DÉROULEMENT DE LA GROSSESSE ET L'ACCOUCHEMENT.
IL FAUT LE METTRE AU MONDE EN SANTÉ CE BÉBÉ, MAIS APRÈS?

IL FAUT LE FAIRE SURVIVRE, LE DÉCOUVRIR, SE REDÉCOUVRIR,
TROUVER UN ÉQUILIBRE DANS CETTE NOUVELLE VIE,
ET C'EST LA PLUS GROSSE PARTIE DU TRAVAIL.

JE CONSIDÈRE QUE J'AI EU DE LA CHANCE, CAR QUELQUE CHOSE
DE VRAIMENT "PRIMITIF" A JOUÉ DANS L'ATTACHEMENT INSTANTANÉ À MON FILS.
MAIS ÇA M'A PRIS UN BON MOMENT AVANT DE ME SENTIR COMPÉTENTE.
D'AILLEURS, AU MOMENT OÙ J'ÉCRIS CES LIGNES, MON FILS A 3 ANS
ET JE NE SUIS TOUJOURS PAS SÛRE DE L'ÊTRE À 100 %.
ALORS, SOYONS INDULGENT AVEC NOUS-MÊME.

LA PARENTALITÉ N'EST PAS POUR TOUT LE MONDE.
JE CONÇOIS TOUT À FAIT QUE L'ON N'AIT PAS L'ENVIE
NI LES RESSOURCES POUR ACCUEILLIR UN ENFANT.

T'EN VEUX PAS?
TU TE SENS LES ÉPAULES POUR 6?
VAS-Y!

CAR FINALEMENT, C'EST QUOI LA MATERNITÉ?

J'AI CHERCHÉ UNE DÉFINITION SUR WIKIPÉDIA.
J'AI BEAUCOUP APPRIS EN LISANT LA PAGE SUR LE SUJET.

RÉSULTAT DE LA RECHERCHE

"MATERNITÉ:
1/ LE FAIT D'ÊTRE MÈRE
2/ LE FAIT DE PORTER ET
DE DONNER NAISSANCE À UN ENFANT
3/ LE LIEU OÙ ON ACCOUCHE."

LA VIE PEUT NOUS DONNER DES MODÈLES DE PARENTS À REPRODUIRE OU À ÉVITER.

À UN CERTAIN POINT, IL EST NORMAL DE SE SENTIR PERDU, DÉPASSÉ...
DE SE POSER UN MILLIARD DE QUESTIONS, D'AVOIR L'IMPRESSION DE MAL FAIRE.

C'ÉTAIT UN DES BUTS DE CE LIVRE: CASSER CERTAINES IDÉES REÇUES
POUR LIBÉRER LES PARENTS ET FUTURS PARENTS DE CERTAINS CONDITIONNEMENTS
(ET D'ÉVENTUELLES PRESSIONS INUTILES).
DÉCULPABILISER. DONNER DE L'INFORMATION, ET ENCORE, IL EN MANQUE TELLEMENT.
(CE LIVRE AURAIT PU FAIRE 100 PAGES DE PLUS).

VOTRE BÉBÉ EST EN BONNE SANTÉ ET ÉPANOUI?
VOUS FAITES PROBABLEMENT BIEN VOTRE TRAVAIL.
VOUS ALLEZ FAIRE DES ERREURS, ET C'EST PAS GRAVE
(SAUF SI VOUS LUI DONNEZ À BOIRE DE L'EAU DE JAVEL, ON EST D'ACCORD).
VOUS ÊTES HUMAINS, VOUS NE SEREZ PAS UN PARENT PARFAIT.
ET VOTRE ENFANT, VOS ENFANTS, NE SERONT PAS PARFAITS EUX NON PLUS.

ÉCOUTEZ VOTRE INSTINCT, VOTRE CŒUR, VOTRE BÉBÉ.
RESPECTEZ VOS LIMITES, N'AYEZ PAS HONTE DE
DEMANDER DE L'AIDE SI VOUS EN AVEZ BESOIN.
ET ACCUEILLEZ L'EXPÉRIENCE.

♥ TON AMIE VALOUCH ♥

CADEAU BONUS

## 4 ASTUCES QUI NOUS ONT ÉTÉ UTILES

### 1/ LE TIRE-LAIT

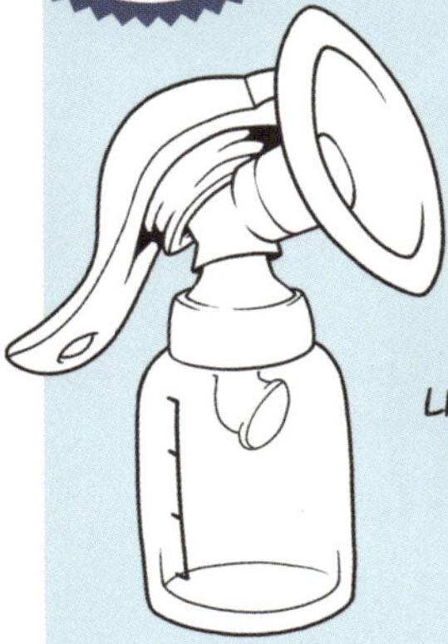

J'EN AI DÉJÀ PARLÉ, MAIS JE SOULIGNE ENCORE SON UTILITÉ POUR L'ALLAITEMENT: IL PEUT DONNER UNE PAUSE À LA MAMAN, NE SERAIT-CE QUE POUR APAISER LES DOULEURS LIÉES À LA SUCCION DU BÉBÉ. ET COMME DANS MON CAS, CES POMPES PEUVENT PERMETTRE DE SAUVER UN ALLAITEMENT.

### 2/ LE T-SHIRT DE PORTAGE

PARFAIT POUR PRATIQUER LE PEAU À PEAU QUI RASSURE TANT LES BÉBÉS, TOUT EN CONTINUANT SES ACTIVITÉS.

### 3/ LA MÉTHODE DU SHU-SHU PENDANT LE CHANGEMENT DE COUCHE

PRÉSENTÉE PAR JEAN-PAUL NISHI DANS SON LIVRE "À NOS AMOURS", CETTE MÉTHODE EST UTLISÉE AU JAPON PAR LES MÉDECINS POUR APAISER LES PLEURS D'INCONFORT DU BÉBÉ PENDANT LES CONSULTATIONS. IL S'AGIT TOUT SIMPLEMENT DE FROISSER UN SAC EN PAPIER OU EN PLASTIQUE À CÔTÉ DE L'OREILLE DU BÉBÉ.

LE SHU-SHU.

### 4/ LA "POSITION DE LA PANTHÈRE"

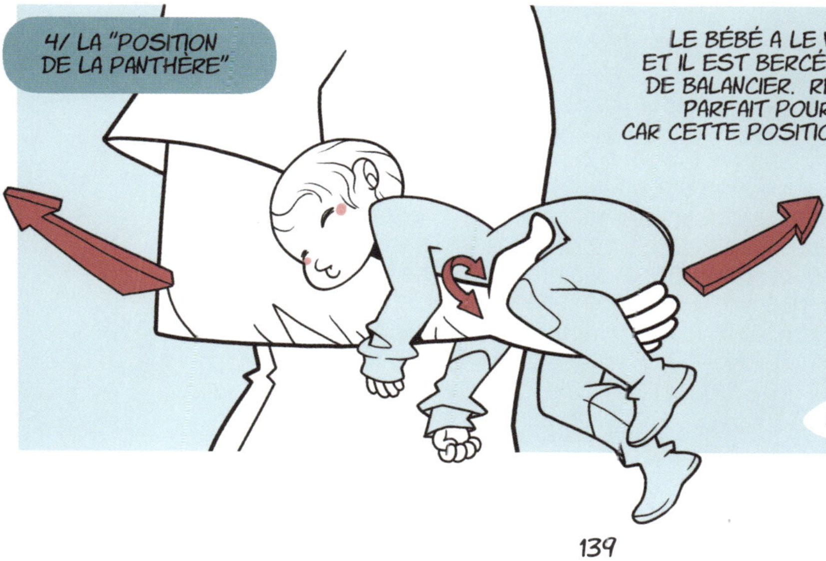

LE BÉBÉ A LE VENTRE AU CHAUD ET IL EST BERCÉ PAR LE MOUVEMENT DE BALANCIER. RÉSULAT: IL S'APAISE. PARFAIT POUR LES COLIQUES CAR CETTE POSITION MASSE LE VENTRE.

AJOUTEZ DES PETITS MOUVEMENTS ROTATIFS DES POIGNETS POUR UN EFFET OPTIMAL.

CADEAU BONUS

## LA MATERNITÉ EN FRANCE

CHAQUE HISTOIRE DE GROSSESSE ET D'ACCOUCHEMENT EST DIFFÉRENTE, SURTOUT QUAND ON PASSE D'UN CONTINENT À L'AUTRE. POUR CETTE RAISON, J'AI VOULU VOUS OFFRIR LE TÉMOIGNAGE DE CATHERINE ET NICOLAS, QUI VIVENT EN FRANCE.

### LE PROJET D'ENFANT

NICOLAS ET MOI VOULIONS UN ENFANT DEPUIS QUELQUES ANNÉES DÉJÀ. CERTAINES CIRCONSTANCES ONT RETARDÉ LE PROJET, ET CE N'EST QUE VERS 30 ANS QUE LE BON MOMENT S'EST PRÉSENTÉ. NOTRE COUPLE ÉTAIT STABLE ET NOUS ÉTIONS PRÊTS À ACCUEILLIR UNE TROISIÈME PERSONNE AU SEIN DE NOTRE FOYER. CHACUNE DE MES DEUX GROSSESSES S'EST DÉCLARÉE EN MOINS DE TROIS MOIS. NOUS NOUS CONSIDÉRIONS COMME CHANCEUX: DANS NOTRE CERCLE D'AMIS PROCHES, UN COUPLE SUR DEUX AVAIT DES SOUCIS DE FERTILITÉ. UN VÉRITABLE SCANDALE SANITAIRE.

### LA GROSSESSE

CETTE AVENTURE N'A PAS TOUJOURS ÉTÉ AGRÉABLE. J'AI PASSÉ LES PREMIERS MOIS ALITÉE, VOMISSANT MES TRIPES, ET J'AI MÊME PERDU JUSQU'À SEPT KILOS. J'AVAIS DES CHUTES DE TENSION, DES MALAISES ET UN BESOIN IMPORTANT D'AIDE DE MON MARI. LA PREMIÈRE GROSSESSE A ÉTÉ LA PLUS COMPLEXE. AUCUN PERSONNEL MÉDICAL N'A VRAIMENT SU ME SOULAGER. POUR LA SECONDE, ON M'A PRESCRIT DES SOMNIFÈRES, LESQUELS DEVAIENT ÉGALEMENT ÊTRE EFFICACES EN CAS DE NAUSÉES. MAIS JE N'AI JAMAIS OSÉ LES PRENDRE. DANS LES DEUX CAS, LES QUATRE PREMIERS MOIS SE SONT MERVEILLEUSEMENT BIEN PASSÉS, MALGRÉ TOUTEFOIS UN ÉTAT PSYCHOLOGIQUE UN PEU PLUS FRAGILE LA SECONDE FOIS. J'ÉPROUVAIS SOUVENT DE LA SOLITUDE ET DE LA JALOUSIE. J'AVAIS L'IMPRESSION QUE MON MARI N'Y VOYAIT QU'UNE RÉPÉTITION DE LA PREMIÈRE GROSSESSE. POUR MOI, ÇA NE L'A JAMAIS ÉTÉ. CHAQUE GROSSESSE EST DIFFÉRENTE. ET LA SECONDE EST FORCÉMENT EMPREINTE DE CE QUI S'EST PASSÉ DURANT LA PREMIÈRE ET DURANT LE PREMIER ACCOUCHEMENT. ET QUE DIRE DES SUIVIS DE GROSSESSE EN FRANCE! ICI, NOUS SOMMES TOUTES GLOBALEMENT TRAITÉES COMME DES PARTURIENTES PATHOLOGIQUES: DIX RENDEZ-VOUS MÉDICAUX, TROIS ÉCHOGRAPHIES ET UNE DIZAINE D'EXAMENS POUR DÉTECTER NOTAMMENT LA TOXOPLASMOSE OU LA TRISOMIE, ET BIEN SÛR LA PRÉPARATION À L'ACCOUCHEMENT.

## L'ACCOUCHEMENT

DEUX ACCOUCHEMENTS DANS LE MÊME HÔPITAL, À SIX ANS D'INTERVALLE. UNE RÉVOLUTION!

LE PREMIER A ÉTÉ REPRÉSENTATIF DE CE QU'ON DIT DES VIOLENCES OBSTÉTRICALES: NON-PRISE EN COMPTE DE LA DOULEUR, COMMUNICATION INEXISTANTE OU HUMILIANTE, TOUCHER VAGINAL ET DÉCOLLEMENT DES MEMBRANES SANS CONSENTEMENT, SAGE-FEMME EXCÉDÉE ET EXÉCRABLE. DIX-HUIT HEURES DE TRAVAIL SANS BOIRE NI MANGER, UNE PÉRIDURALE MAL ADMINISTRÉE, ET TROP TÔT, QUI N'A PAS FAIT EFFET. QUARANTE-CINQ MINUTES POUR EXPULSER UN BÉBÉ GRÂCE À L'INTERVENTION HEUREUSE DE LA GYNÉCOLOGUE-OBSTÉTRICIENNE. NOUS AVONS ENSUITE PASSÉ SIX JOURS EN MATERNITÉ À CAUSE D'UNE JAUNISSE. DE MAUVAIS CONSEILS CONCERNANT L'ALLAITEMENT... ET DONC RATÉ. LA PRÉSENCE DU PÈRE DE NUIT ÉTAIT INTERDITE. ON ENTRAIT DANS MA CHAMBRE À TOUTE HEURE ET SANS SE PRÉSENTER. JE N'AVAIS QU'UNE HÂTE: SORTIR!

POUR LE SECOND ACCOUCHEMENT, J'ÉTAIS TRÈS REMONTÉE.

ENTRE-TEMPS, LE SCANDALE DES VIOLENCES GYNÉCOLOGIQUES ET OBSTÉTRICALES AVAIT ÉCLATÉ EN FRANCE. NOS SAGES-FEMMES S'EN EMPARAIENT AVEC UNE ASSEZ BONNE VOLONTÉ PENDANT QUE NOS SYNDICATS DE GYNÉCOLOGIE, PÉTRIS DE CERTITUDE ET DE BLOUSE BLANCHE, ACCUSAIENT LES FEMMES DE "GYNÉCO BASHING", DE "PLEURNICHERIES BOURGEOISES" ET D'"HYSTÉRIE COLLECTIVE".

BIEN DÉCIDÉE À NE PAS SUBIR À NOUVEAU LA VOLONTÉ ET L'HUMEUR DES AUTRES, J'AI RÉDIGÉ UN PROJET DE NAISSANCE QUE J'AI PRÉSENTÉ À UNE SAGE-FEMME LIBÉRALE ET FÉMINISTE CHARGÉE DE MON SUIVI. SA RÉACTION A ÉTÉ QUELQUE PEU ÉTONNANTE. PLUTÔT QUE DE ME CONSEILLER ET DE M'ÉCOUTER, ELLE A PRIS PEUR: ELLE M'A DEMANDÉ DE FAIRE PREUVE DE PRUDENCE ET DE NE PAS DONNER AINSI MON PROJET POUR NE PAS "FROISSER LE PERSONNEL MÉDICAL". POURTANT, RIEN N'Y ÉTAIT INSULTANT OU MORALISATEUR. JE NE FAISAIS PART QUE DE MES SOUHAITS AVEC COURTOISIE. FINALEMENT, JE N'AI PAS MONTRÉ CE PROJET À L'ÉQUIPE. JE N'EN AI PAS EU BESOIN.

LE SCANDALE DE LA MALTRAITANTE DES PARTURIENTES A ÉTÉ ASSEZ MÉDIATISÉ POUR QUE LE PROTOCOLE D'ACCUEIL SOIT CLAIREMENT MODIFIÉ. MAINTENANT, ON FRAPPE À LA PORTE DE LA CHAMBRE AVANT D'Y ENTRER, ON SE PRÉSENTE, ON INFORME, ON RECUEILLE LE CONSENTEMENT, ON RESPECTE LE SOMMEIL DE LA MAMAN ET DU BÉBÉ. CELA NE M'AURA PAS EMPÊCHÉE D'AVOIR LA VENTOUSE ET UNE ÉPISIOTOMIE, NI MÊME DE SAVOIR COMBIEN DE POINTS L'ON M'AURA FAITS. MAIS AU MOINS, LE GYNÉCOLOGUE M'A RENDU VISITE APRÈS LA DÉLIVRANCE POUR ME DIRE, EN TRENTE SECONDES, CE QU'IL M'AVAIT FAIT ET POURQUOI.

## L'ALIMENTATION DU BÉBÉ

J'AI ESSAYÉ EN VAIN D'ALLAITER MON PREMIER ENFANT MAIS, À VRAI DIRE, JE N'EN AVAIS PAS RÉELLEMENT ENVIE. J'AI DONC OPTÉ POUR LE LAIT EN POUDRE. POUR LE RESTE, NOUS AVIONS CERTAINS PRINCIPES SUR LA DIVERSIFICATION ALIMENTAIRE ET L'ALIMENTATION BIOLOGIQUE, MAIS L'ADAGE "ON A DES PRINCIPES, ENSUITE ON A DES ENFANTS" A EU RAISON DE NOUS. NOUS AVONS DONC DÉCIDÉ DE FAIRE SIMPLEMENT CE QUE NOUS POUVIONS. COMME NOTRE PREMIER FILS AVAIT DES COLIQUES, NOUS AVONS FAIT ATTENTION À SON ALIMENTATION. DU BIO ET DU FAIT-MAISON. LE SECOND A ÉTÉ NOURRI AU LAIT INFANTILE BIO ET AUX PETITS POTS BIOS, DE ZÉRO À QUATORZE MOIS. PUIS NOUS AVONS INTRODUIT UN PEU DE TOUT SELON L'HUMEUR, LE TEMPS ET L'ÉNERGIE. IL N'A PAS TOUCHÉ À UN SEUL PLAT FAIT MAISON EN QUASIMENT UN AN.

## LE BILAN DE LA PREMIÈRE ANNÉE

BILAN ASSEZ CHAOTIQUE POUR NOTRE PREMIER ENFANT. IL AURA FALLU ME RÉPARER PSYCHOLOGIQUEMENT, RECRÉER UN LIEN AVEC MON FILS. UNE ANNÉE PARSEMÉE DE PETITES JOIES ET DE PAS MAL DE FATIGUE ET D'ANGOISSES, DE NUITS HACHÉES, DE RENDEZ-VOUS MÉDICAUX ET DE SOLITUDE PARENTALE. NOUS N'AVIONS PAS RÉELLEMENT DE RELAIS FAMILIAUX. HEUREUSEMENT, POUR LE SECOND, NOUS AVONS GAGNÉ EN CONFIANCE. FINI L'OBÉISSANCE AU TOUT MÉDICAL, AUX INJONCTIONS SOCIALES ET ÉDUCATIVES. ON FAIT COMME ON VEUT, ET SURTOUT COMME ON PEUT. UNE ANNÉE SEREINE AVEC UN BÉBÉ ÉPANOUI ET UN GRAND FRÈRE QUI, DEPUIS LA NAISSANCE DU CADET, N'A PLUS DE TROUBLES DU SOMMEIL... MALGRÉ UN TROUBLE DE L'ATTENTION.

## LE SENTIMENT DE MATERNITÉ

LE FAMEUX INSTINCT MATERNEL! CETTE IDÉE SERT SURTOUT À CULPABILISER OU À INFANTILISER LES MAMANS. LE FAIT D'ÊTRE PARENT S'APPREND. ET L'ATTACHEMENT S'ÉTABLIT PARFAITEMENT LORSQUE L'ON NE CRÉE PAS DE CONTEXTE TRAUMATIQUE POUR LES PARENTS ET L'ENFANT. LAISSONS FAIRE AU MAXIMUM LES MAMANS, LES PAPAS, LES ENFANTS.

## UN CONSEIL POUR LES AUTRES PARENTS

SOYEZ ACTEURS DE VOTRE ACCOUCHEMENT OU DE CELUI DE VOTRE COMPAGNE. NE PARTEZ PAS DU PRINCIPE QUE L'ON VOUS ÉCOUTERA OU QUE TOUT SE PASSERA COMME PRÉVU. EXIGEZ QUE L'ON VOUS ENTENDE. ON NE VOUS ACCOUCHE PAS: C'EST VOUS QUI ACCOUCHEZ, ET ON VOUS ACCOMPAGNE. FAITES-VOUS CONFIANCE: PERSONNE NE VOUS CONNAÎT MIEUX NI NE COMPREND MIEUX VOTRE ENFANT QUE VOUS. DEMEUREZ DANS LE DIALOGUE ET L'ÉCOUTE, MAIS SOYEZ CERTAINS QUE VOTRE AVIS EST LE PREMIER QUI COMPTE.

## LE MOT DE PAPA

JE SUIS TRÈS FIER DE MA FEMME POUR TOUT CE QU'ELLE A FAIT ET ENDURÉ DEPUIS LE DÉBUT JUSQU'À AUJOURD'HUI, ET JE PARTAGE SON OPINION. J'AIMERAIS PAR AILLEURS MENTIONNER UN POINT QUI VA AU-DELÀ DE L'ASPECT MÉDICAL, SOIT CELUI DE LA SPHÈRE SOCIALE QUI SE PERMET DE JUGER NOTRE FAÇON D'ÉLEVER NOS ENFANTS. EN FONCTION DE LEUR MILIEU, DE LEURS CRITÈRES ÉDUCATIFS, DE LEUR PROPRE EXPÉRIENCE, DE L'IMAGE QU'ILS ONT DE NOUS OU MÊME DE LEURS CROYANCES, CES PERSONNES NOUS FONT LA LEÇON SANS POUR AUTANT NOUS PROPOSER LEUR AIDE OU DES SOLUTIONS CONCRÈTES. DANS CE CAS, POURSUIVEZ VOTRE CHEMIN, NETTOYEZ VOTRE ENVIRONNEMENT, AYEZ CONFIANCE EN VOUS ET FAITES VOS CHOIX, PAS CEUX DES AUTRES.

RETROUVE D'AUTRES TÉMOIGNAGES SUR LA PAGE FACEBOOK DE TON AMIE VALOUCH!

SI TU VEUX PARTAGER TON EXPÉRIENCE, CONTACTE-MOI À TONAMIEVALOUCH@GMAIL.COM

## SOURCES

WIKIPÉDIA
LA PAGE FACEBOOK DE MÉLUSINE DOULA
LA PAGE FACEBOOK DE KARMA MAMAS
CÉLINE BOUQUIN

## RESSOURCES POUR LA DIFFICULTÉ MATERNELLLE

MAMAN BLUES: HTTPS://WWW.MAMAN-BLUES.FR/
MAMAJOIA: HTTPS://WWW.MAMAJOIA.COM/

## MERCI!

À DOUDOU ET À BÉBÉ-CHOU.

À CATHERINE, POUR SON SUIVI, SON SOUTIEN ET
SES JUDICIEUSES RECOMMANDATIONS TOUT AU LONG DU PROJET.
À LIETTE, POUR CETTE PAUSE CAFÉ AU SALON DU LIVRE DE MONTRÉAL 2018
QUI MARQUERA UN TOURNANT MAJEUR DANS MA VIE.
À TOUTE L'ÉQUIPE DU GROUPE GUY TRÉDANIEL, PARTICULIÈREMENT
FLORENCE, CLARA ET ÉLISE..

À LA TEAM USINE 307 (SPÉCIALEMENT THIERRY LABROSSE, ÉLODIE DUHAMEAU
ET BAPTISTE AMSALLEM) POUR LEURS CONSEILS ET LEURS ENCOURAGEMENTS
SUR MON EMBRYON DE PROJET DE L'ÉPOQUE.

À LA FAMILLE SLIWA, SPÉCIALEMENT PAUL, POUR SON COUP DE MAIN SUR LES APLATS.

À THIERRY ET MICHEL.

AUX AMIS POUR LEURS TÉMOIGNAGES DONT PLUSIEURS ONT DONNÉ DE LA MATIÈRE À CE LIVRE :
LUDIVINE, SARAH, ANDRÉ, AUDREY, CATHERINE
KHALID ET IMANE, CÉLINE ET FABIEN, GUILLAUME ET CÉCILE... ( DÉSOLÉE SI J'EN OUBLIE. )

À DIANE GAMACHE, MA DOULA.

À MARC-ANTOINE PELÈGE POUR M'AVOIR AIDÉE PENDANT CETTE TRANSITION.

À DAVID MAZEAU POUR SES SUBLIMES PHOTOS.

À CÉLINE BOUQUIN ET PIA, POUR LEUR TRAVAIL SUR LA DÉTRESSE MATERNELLE,
AINSI QUE POUR LEURS RETOURS SUR L'ALBUM.

ET BIEN SÛR, À MON AMOUR DE BOUBOU : ASTOU AKA AÏSSATOU KÉBÉ, TOI-MÊME TU SAIS ;)

À MA MÈRE ET À MON PAPA DE CŒUR.

À LA VIE, L'UNIVERS , LE HASARD, LA DESTINÉE, DIEU...
PEU IMPORTE QUI EST RESPONSABLE POUR ÇA... MERCI!